DIVERSIDADE EDUCACIONAL: UMA ABORDAGEM NO ENSINO DA MATEMÁTICA NA EJA

Elieser Santos Hirye
Neusa Higa
Stella Maris Lima Altoé

DIVERSIDADE EDUCACIONAL:
UMA ABORDAGEM NO ENSINO DA MATEMÁTICA NA EJA

2ª edição

Rua Clara Vendramin, 58, Mossunguê
CEP 81200-170, Curitiba, PR, Brasil
Fone: (41) 2106-4170
www.intersaberes.com
editora@intersaberes.com

Conselho editorial – *Dr. Alexandre Coutinho Pagliarini*
Dr.ª Elena Godoy
Dr. Neri dos Santos
M.ª Maria Lúcia Prado Sabatella

Editora-chefe – *Lindsay Azambuja*

Gerente editorial – *Ariadne Nunes Wenger*

Assistente editorial – *Daniela Viroli Pereira Pinto*

Edição de texto – *Monique Francis Fagundes Gonçalves*

Capa – *Charles L. da Silva* (design)
Foxys Graphic/Shutterstock (imagem)

Projeto gráfico – *Bruno Palma e Silva*

Diagramação – *Andreia Rasmussen*

Iconografia – *Regina Claudia Cruz Prestes*

Dados Internacionais de Catalogação na Publicação (CIP)
(Câmara Brasileira do Livro, SP, Brasil)

Hirye, Elieser Santos
   Diversidade educacional : uma abordagem no ensino da matemática na EJA / Elieser Santos Hirye, Neusa Higa, Stella Maris Lima Altoé. -- 2. ed. -- Curitiba : Editora Intersaberes, 2023.
   Bibliografia.
   ISBN 978-85-227-0481-1

   1. Educação - Aspectos sociais - Brasil 2. Educação de Jovens e Adultos 3. Educação e Estado - Brasil 4. Estratégias de aprendizagem 5. Inclusão escolar - Brasil 6. Matemática - Estudo e ensino I. Higa, Neusa. II. Altoé, Stella Maris Lima. III. Título.

23-142177   CDD-510.7

Índices para catálogo sistemático:
1. Educação de Jovens e Adultos : Matemática : Estudo e ensino   510.7

Cibele Maria Dias – Bibliotecária – CRB-8/9427

1.ª edição, 2016.
2.ª edição, 2023.

Foi feito o depósito legal.

Informamos que é de inteira responsabilidade dos autores a emissão de conceitos.

Nenhuma parte desta publicação poderá ser reproduzida por qualquer meio ou forma sem a prévia autorização da Editora InterSaberes.

A violação dos direitos autorais é crime estabelecido na Lei n. 9.610/1998 e punido pelo art. 184 do Código Penal.

Sumário

Apresentação 7

Organização didático-pedagógica 11

1 Exclusão educacional: contexto histórico, causas e formas 15

    1.1 A realidade educacional brasileira ao longo da história 16

    1.2 Exclusão educacional e suas razões 23

    1.3 Formas de exclusão educacional 27

2 Educação: um direito de todos 35

    2.1 Entendendo a inclusão educacional 35

    2.2 Diferentes formas de incluir-se educacionalmente 41

    2.3 Políticas públicas para a inclusão: normas 46

    2.4 Políticas públicas para a inclusão: práticas inclusivas 51

3 Diversidade escolar: diferenças e características 63

    3.1 Diversidades étnico-culturais 65

    3.2 Realidade socioeconômica 71

    3.3 Um olhar na perspectiva do pluralismo 75

4 Estratégias de ensino para inclusão educacional 83

    4.1 Introduzindo as estratégias de inclusão 87

    4.2 Discutindo as estratégias de inclusão educacional 92

    4.3 Relevância da EJA para a sociedade 100

5 Um paralelo entre o ensino regular e a EJA 115

    5.1 Aspectos cognitivos na aprendizagem regular 116

    5.2 Aspectos cognitivos na EJA 126

    5.3 Paralelo entre as aprendizagens regular e na EJA 132

6 Educação matemática para jovens e adultos 139

    6.1 Benefícios e necessidades da educação matemática na EJA 140

    6.2 Ensino da matemática na EJA 144

    6.3 Outros aspectos importantes 147

Considerações finais 157

Referências 159

Bibliografia comentada 175

Respostas 179

Sobre os autores 191

Apresentação

Iniciamos esta obra com uma abordagem da realidade educacional brasileira ao longo da história até os dias atuais, evidenciando os principais acontecimentos que marcaram cada época, bem como os aspectos relacionados à adversidade educacional, enfatizando a atuação docente. Também relatamos, no primeiro capítulo, a adversidade em aspectos específicos, ressaltando a evasão escolar e algumas formas de exclusão educacional e propomos, já no segundo capítulo, a inclusão educacional, revelando sua importância e suas características. Apresentamos, por exemplo, algumas formas utilizadas para a inclusão, como incluir os portadores de necessidades especiais, tidos como "diferentes", na escola regular. Além disso, evidenciamos as políticas públicas relacionadas à inclusão educacional. No Capítulo 3, ao abordarmos a diversidade escolar, buscamos mostrar as diferentes nuances que se apresentam no cenário brasileiro no que tange aos aspectos étnicos. Para isso, detalhamos as sutilezas de ordem cultural, religiosa, de gênero e de sexualidade, abrangendo, ainda, nossa realidade socioeconômica, as diferenças sociais e econômicas e o pluralismo.

O conhecimento da diversidade humana encontrada no ambiente escolar é imprescindível para nortear o trabalho do profissional de educação, adequando o ambiente às suas diferenças, procurando formar na escola um espaço livre de preconceitos e das diversas formas de discriminação: racial, cultural, econômica, religiosa, das necessidades especiais, entre outras.

Sob essas perspectivas, o conhecimento é de fundamental importância para pensarmos a educação de maneira adequada à realidade brasileira. Dessa forma, podemos ajustar a educação às necessidades do aluno da EJA, em conformidade com as exigências educacionais, possibilitando que essas exigências não sejam obstáculos para a continuidade desse estudante no programa.

No Capítulo 4, dando continuidade ao conhecimento da realidade brasileira, apresentamos as diversas estratégias de ensino para a inclusão educacional, abordando também as legislações em que o programa está inserido. As estratégias reforçam a ideia de que as exigências educacionais se tornam um estímulo ao aluno, não uma forma de isolá-lo de seu meio escolar.

No Capítulo 5, apresentamos duas autoridades no campo da educação: Jean Piaget e Malcolm Knowles. O primeiro está voltado especificamente para o ensino regular, apresentando conceitos e propostas para a aprendizagem de crianças. O segundo direciona-se à educação de jovens e adultos (EJA), apresentando a definição de andragogia - elemento de fundamental importância ao educador de jovens e adultos - e outros aspectos bastante importantes para a EJA. Ainda no mesmo capítulo, traçamos paralelos entre as aprendizagens regular e a EJA e entre pedagogia e andragogia.

Com foco no ensino da matemática na EJA, no Capítulo 6 justificamos os conteúdos matemáticos, mostrando seus benefícios e as necessidades particulares dos jovens e adultos que, por alguma razão, foram excluídos do ensino regular. Abordamos, ainda, a formação do educador matemático na EJA e atenção dada à EJA nos Parâmetros Curriculares Nacionais (PCN).

Entre outros aspectos importantes como metodologia e avaliação, apresentamos, ao final da obra, a atual realidade da educação brasileira e sua posição em termos globais de acordo com a Organização para a Cooperação e Desenvolvimento Econômico (OCDE) – uma instituição internacional de alta relevância no tema.

Há necessidade de recapitular a história da Educação de Jovens e Adultos (EJA) para evidenciar que há muito tempo busca-se a erradicação do analfabetismo no Brasil, por meio das legislações específicas criadas para tal, além de alguns projetos feitos com esse objetivo, as dificuldades encontradas ao longo de sua história, sua decadência e evolução, ainda que pequena em relação às perspectivas já propostas.

Entre os objetivos finais desta obra, considerados de fundamental importância, podemos citar o de proporcionar ao leitor condições para exercer a prática educativa de matemática no ensino para jovens e adultos. Antes mesmo de considerar-se um profissional da EJA, deve-se ter plena ciência dos desafios comuns a qualquer educador. Ensinar não é transferir conhecimento, mas sim prover meios para que o próprio educando o construa. Dessa forma, torna-se indispensável ao educador o conhecimento sobre teorias da educação, as quais serão apresentadas neste livro. Após isso, para que o educador coloque-se na função de professor de jovens e adultos, faz-se necessário o uso de uma base sólida nas teorias da andragogia, ou seja, na arte ou ciência de orientar adultos a aprender.

O leitor desta obra, atual ou futuro professor de matemática de jovens e adultos, perceberá a conexão entre o desenvolvimento do conhecimento matemático e a realidade sociocultural de cada um de seus educandos. Logo, a grande diversidade social e cultural existente em um ambiente da EJA será o grande desafio enfrentado ao final deste livro.

Organização didático-pedagógica

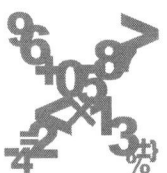

Esta seção tem a finalidade de apresentar os recursos de aprendizagem utilizados no decorrer da obra, de modo a evidenciar os aspectos didático-pedagógicos que nortearam o planejamento do material e como o aluno/leitor pode tirar o melhor proveito dos conteúdos para seu aprendizado.

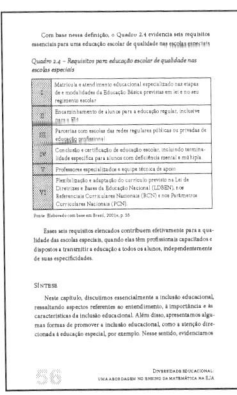

Síntese

Você conta, nesta seção, com um recurso que o instigará a fazer uma reflexão sobre os conteúdos estudados, de modo a contribuir para que as conclusões a que você chegou sejam reafirmadas ou redefinidas.

Perguntas e respostas

Nesta seção, os autores respondem a dúvidas frequentes relacionadas aos conteúdos do capítulo.

Consultando a legislação

Você pode verificar aqui a relação das leis consultadas pelos autores para examinar os assuntos enfocados no livro.

Indicações culturais

Ao final do capítulo, os autores oferecem algumas indicações de livros, filmes ou *sites* que podem ajudá-lo a refletir sobre os conteúdos estudados e permitir o aprofundamento em seu processo de aprendizagem.

Atividades de autoavaliação

Com estas questões objetivas, você tem a oportunidade de verificar o grau de assimilação dos conceitos examinados, motivando-se a progredir em seus estudos e a se preparar para outras atividades avaliativas.

Atividades de aprendizagem

Aqui você dispõe de questões cujo objetivo é levá-lo a analisar criticamente determinado assunto e a aproximar conhecimentos teóricos e práticos.

Bibliografia comentada

Nesta seção, você encontra comentários acerca de algumas obras de referência para o estudo dos temas examinados.

Exclusão Educacional: Contexto Histórico, Causas e Formas

A educação consiste em um dos fatores mais importantes na vida das pessoas. O acesso dos indivíduos à educação promove uma sociedade mais justa, tendo em vista que a educação possibilita melhores oportunidades no mercado de trabalho. Isso posto, ressaltamos a importância de se compreender as origens e a evolução da educação ao longo da história, bem como entender o processo de adversidade educacional, que abrange as dificuldades de acesso à educação de qualidade na visão de docentes e discentes.

Neste capítulo, discorremos também sobre a evasão escolar, enfatizando os motivos que levam os alunos a parar de estudar. De forma complementar, realizamos uma discussão no sentido de que você compreenda aspectos referentes à exclusão educacional, com enfoque nos portadores de necessidades especiais, nos aspectos étnicos e culturais e nos fatores socioeconômicos.

Acreditamos que a abordagem deste capítulo proporciona algumas reflexões, no sentido de nos colocarmos no lugar das pessoas que sofrem algum tipo de exclusão social ou educacional e de nos questionarmos:

Será que minha atuação na sociedade tem contribuído para inserir os indivíduos considerados como "diferentes" na escola ou na sociedade em geral?

1.1 A realidade educacional brasileira ao longo da história

A educação brasileira apresenta influências políticas, econômicas e sociais, internas e externas. Nesta seção, buscamos retratar esse cenário ao longo da história, apresentando os elementos-chave de cada período. Na sequência, discutimos alguns pontos da adversidade educacional, com a finalidade de alertar para fatores que são desfavoráveis à educação.

1.1.1 História da educação no Brasil: do período colonial à atualidade

A seguir, apresentamos um panorama da educação desde o período colonial até os dias atuais, em que se enfatizam aspectos políticos, sobretudo os relacionados aos governos.

Os períodos tratados no Quadro 1.1 são os seguintes:

- **Período cristão** (do Descobrimento às reformas pombalinas) – Refere-se à sociedade e à educação do Brasil no período colonial, marcado por trabalho escravo, latifúndio, monocultura e produção direcionada a atender às necessidades dos europeus. No que tange à educação, os jesuítas tiveram um importante papel no controle da educação na Colônia. No entanto, o Marquês de Pombal expulsou-os do Brasil e do reino de Portugal, alegando que eles eram um obstáculo para as reformas do Estado português. Assim, a educação passou a ser subsidiada pelo Estado, nas chamadas *aulas régias* (França, 2009).

- **Período aristocrático** (de 1759 ao início do século XX) – Refere-se à educação brasileira no período do Império. Nessa época, foi elaborada a primeira Constituição e o trabalho escravo persistia, assim como o latifúndio e a monocultura. Com relação à educação, as leis eram melhores que a realidade, visto que, na prática, a escolarização era privilégio das classes sociais abastadas (França, 2009).

- **Período de socialização da educação** (do início do século XX até os dias atuais) – Com a Revolução de 1930, o Brasil tornou-se mais liberal e democrático. Quanto à educação, os católicos reagiram contra as reformas educacionais e estabeleceram uma luta ideológica contra os reformadores da educação, que, mais tarde, em 1961, desdobrou-se na primeira Lei de Diretrizes e Bases da Educação Nacional (LDBEN). Além disso, de acordo com Sebastião França (2009) houve a luta dos educadores pela implantação da nova LDBEN – Lei n. 9.394, de 20 de dezembro de 1996 (Brasil, 1996).

Quadro 1.1 – História da educação brasileira

PERÍODO CRISTÃO – DO DESCOBRIMENTO ÀS REFORMAS POMBALINAS	
AMÉRICA INDÍGENA	A educação indígena era empírica, os ensinamentos eram passados de geração em geração.
ÁFRICA NEGRA	Os negros que chegavam ao Brasil eram oriundos de diferentes regiões africanas. Eles participaram de forma modesta na educação, comparativamente aos brancos e índios, pois a escravidão os afastava dos demais.
A EUROPA	A primeira educação brasileira foi oriunda da vertente europeia no mundo latino, em que a Contrarreforma, os jesuítas e a união entre a Igreja Católica e o Estado estruturavam toda a cultura e a educação na Península Ibérica, as quais foram adotadas no Brasil. A economia colonial estruturava-se em um tripé – latifúndio, escravatura e monocultura – e o poder centrava-se no senhor de engenho.

(continua)

(Quadro 1.1 – continuação)

Companhia de Jesus	1534 – Fundação da Companhia de Jesus por Inácio de Loyola. A Igreja Católica reagiu à Reforma Protestante, cujo propósito era promover a ação missionária convertendo à fé católica os povos das regiões que estavam sendo colonizadas, entre elas o Brasil. 1549 – Chegam ao Brasil os primeiros jesuítas, juntamente com o primeiro governador, Tomé de Sousa, chefiados pelo Padre Manuel de Nóbrega. Inicia-se o processo de organização escolar no Brasil Colônia, em que os jesuítas buscavam converter os indígenas à fé católica pela catequese. Em Salvador, os jesuítas fizeram funcionar a escola de "ler e escrever". 1759 – Os jesuítas foram expulsos pelo Marquês de Pombal. Nesse período, já mantinham 36 missões, escolas de ler e escrever nas povoações e aldeias por onde se espalhavam. Em seu lugar, passaram a ser instituídas algumas aulas régias, sem nenhuma ordenação entre elas. Os jesuítas, em seus colégios, estabeleceram os seguintes cursos: • Letras Humanas. • Filosofia e Ciências (ou Artes). • Teologia e Ciências Sagradas.
Período aristocrático – de 1759 ao início do século XX	
A educação escolar	1808 – Chegada da Família Real portuguesa ao Brasil. A escolarização era privilégio das camadas sociais mais altas. O ensino era tradicional e religioso. A prioridade não era a escola básica, mas o ensino secundário e superior, com o propósito de formar quadros para a Administração Pública do Império. 1827 – Criação das primeiras faculdades de direito no Brasil, uma em São Paulo e outra em Recife.

(Quadro 1.1 – continuação)

PERÍODO DE SOCIALIZAÇÃO DA EDUCAÇÃO – DO INÍCIO DO SÉCULO XX ATÉ OS DIAS ATUAIS	
A Segunda República	1930-1937 – Elaboradas propostas de novas políticas educacionais para o Brasil. 1931 – O governo criou o Ministério da Educação e Saúde Pública (Mesp). 1932 – Os liberais defendiam as teses da Pedagogia Nova e publicaram o *Manifesto dos pioneiros da educação nova*, que propunha uma pedagogia renovada e a reformulação da política educacional. Assim, buscava-se: • a educação como instrumento de reconstrução nacional; • a educação pública, obrigatória e leiga; • a educação adaptada aos interesses dos alunos. A Constituição de 1934 foi considerada a mais progressista em matéria de educação em relação às anteriores, de 1891 e 1924.
O Estado Novo (1937-1945)	1942 – Realização de reformas que receberam o nome de *Leis Orgânicas do Ensino* e foram compostas por decretos-lei que criaram o Serviço Nacional de Aprendizagem Industrial (Senai). O ensino era composto por cinco anos de curso primário, quatro de curso ginasial e três de colegial, que tinhas as modalidades *clássico* e *científico*.
A redemocratização da educação (1946-1963)	O fim do Estado Novo refletiu na adoção de uma nova Constituição de cunho liberal e democrático. No âmbito educacional, a nova Constituição determinava a obrigatoriedade de se cumprir o ensino primário e dava competência à União para legislar sobre as Diretrizes e Bases da Educação Nacional. A nova Constituição fez voltar o preceito de que a educação é direito de todos. 1950 – Em Salvador, Anísio Teixeira inaugurou o Centro Popular de Educação, dando início à sua ideia de escola-classe e escola-parque.

(Quadro 1.1 – conclusão)

A REDEMOCRATIZAÇÃO DA EDUCAÇÃO (1946-1963)	1952 – Em Fortaleza, Lauro de Oliveira Lima iniciou uma didática fundada nas teorias científicas de Jean Piaget: o método psicogenético.
	1953 – A educação passou a ser administrada por um ministério próprio, denominado *Ministério da Educação e Cultura* (MEC).
	1961 – Início da campanha de alfabetização, cuja didática, criada pelo pernambucano Paulo Freire, propunha alfabetizar em 40 horas adultos analfabetos.
	1962 – Criação do Conselho Federal de Educação, que substituiu o Conselho Nacional e Educação e os Conselhos Estaduais de Educação. Ainda, foram criados o Plano Nacional de Educação (PNE) e o Programa Nacional de Alfabetização (PNA) pelo MEC.
O REGIME MILITAR (1964-1985)	1964 – O golpe militar abortou as iniciativas de revolucionar a educação brasileira. O regime militar espelhou na educação o caráter antidemocrático de sua proposta ideológica de governo: professores foram presos e demitidos; universidades foram invadidas; estudantes foram presos e feridos nos confrontos com a polícia, inclusive alguns foram mortos; os estudantes foram calados e a União Nacional dos Estudantes (UNE) proibida de funcionar; o Decreto-Lei n. 477 proibiu a manifestação de alunos e professores.
	1971 – Instituição da LDBEN.
A ABERTURA POLÍTICA E A REDEMOCRATIZAÇÃO DO BRASIL (1986-2008)	1988 – Encaminhado à Câmara Federal pelo deputado Octávio Elísio um projeto de Lei para uma nova LDBEN.
	1989 – O deputado Jorge Hage enviou à Câmara Federal um substitutivo ao projeto.
	1992 – O senador Darcy Ribeiro apresentou um novo projeto de lei que acabou aprovado em dezembro de 1996.

Fonte: Elaborado com base em França, 2009.

Entendemos que o conhecimento histórico da educação brasileira promove reflexões acerca da educação atual, tendo em vista que os dias de hoje são o reflexo da história pela qual passou a educação. Nesse sentido, na próxima seção discutimos aspectos relativos às dificuldades com que os docentes se deparam no cenário escolar, sobretudo nos dias de hoje.

1.1.2 Adversidades educacionais

A educação no Brasil já passou por vários momentos de construção; não obstante, podemos constatar que os professores ainda se deparam com algumas dificuldades relacionadas aos diversos meios em que se relacionam. A seguir, discutiremos quais são as adversidades enfrentadas pelos docentes na atualidade. Dessa forma, cabe uma reflexão: Será que essas adversidades são oriundas da realidade educacional brasileira ao longo da história?

As adversidades relacionadas aos professores no ambiente escolar centram-se em dois eixos: nas relações socioafetivas e nas relações com o conteúdo da ação docente (Santos, 2004).

As adversidades decorrentes das **relações socioafetivas** referem-se a:

- **Pressões externas para trabalhar** – As Secretarias da Educação exercem ação fiscalizadora das atividades dos docentes, de modo que se estabelece uma pressão externa.

- **Zona intermediária de pressão** – Corresponde ao relacionamento dos docentes com os superiores, com os pares, com os alunos, com os pais e com a comunidade. Nessa modalidade, encontram-se as pressões internas, dos superiores, e as externas, das Secretarias de Educação, que almejam que os docentes se envolvam na execução de projetos, participem de cursos e treinamentos – educação continuada – ou, ainda, cobram que eles aprovem maior número de alunos.

O calendário escolar também pode ser considerado uma adversidade, considerando que os pais, em alguns casos, cobram os professores para a divulgação imediata dos resultados das avaliações, sem considerarem a demanda de turmas pelas quais os docentes são responsáveis. Paralela a essas cobranças, insere-se a direção da escola, que também exerce pressão no que tange à divulgação das avaliações.

- **Pressões internas e o ato de ensinar** – Contempla o clima socioafetivo do ambiente escolar. Santos (2004, p. 63) ressalta que: "Quando direção escolar, professores/as, coordenação, pais, funcionários nutrem entre si um clima de cooperação, respeito, confiança e cumplicidade, costuma-se dizer que se trata de uma relação saudável. Entretanto, a dinâmica dessas relações nem sempre se dá de modo tão cooperativo".

Dessa forma, pode haver um clima pesado, de inimizades e competição, ou seja, um ambiente desfavorável para o desenvolvimento das atividades escolares entre os pares, o que compromete o desempenho do docente.

- **Falta de participação porque eles não querem nada** – Refere-se à insuficiente participação dos pais na escola e à falta de interesse dos alunos.

Para os/as professores/as são poucos os pais que vão à escola, que procuram saber como está o desenvolvimento da aprendizagem dos alunos, seu comportamento, e que contribuem com o processo de educação escolar. Eles/as (os/as professores/as) acreditam que a não aprendizagem e o mal comportamento do aluno se dão por conta da ausência de uma "educação doméstica", ou seja, do tipo de educação que é cultivada no ambiente familiar, que não prepara os alunos para a convivência escolar. (Santos, 2004, p. 67)

Ainda, observa-se que muitos pais esperam que a escola seja responsável integralmente pela educação de seus filhos. Em decorrência dessa falta de apoio familiar, os professores ficam sobrecarregados e desmotivados.

Antes de discutirmos sobre o conteúdo da ação docente, é importante apresentarmos o objetivo dessa ação.

A ação docente, por mais abstrato que seja o resultado, tem um propósito bem definido: criar as condições de ensino que possibilitem um melhor aprendizado dos alunos. Diversos fatores influenciam no processo de aprendizagem [sic] como a inteligência, a experiência socioeducativa, e o contexto cultural do educando, a vontade, os processos metodológicos etc. (Santos, 2004, p. 77).

Dessa forma, podemos entender que a ação docente orienta-se para a aprendizagem dos alunos, à medida que busca reduzir as contingências inerentes a esse ambiente educacional. Portanto, as adversidades referentes ao **conteúdo da ação docente** são relativas aos seguintes aspectos:

- **Resultados da ação docente** – Refere-se à incapacidade de os alunos aprenderem os conteúdos ministrados pelos professores. Nesse sentido, os docentes sentem-se frustrados por não conseguirem transmitir o conteúdo aos seus alunos. Assim, os principais motivos para resultados desfavoráveis da ação docente são atribuídos aos "alunos, que não se interessam ou não se esforçam o suficiente, aos pais que não participam do processo de educação dos filhos, e à secretaria de educação ou governo que criam mecanismos que desfavorecem a educação" (Santos, 2004, p. 77).

- **O estado de precariedade do professor** – Resume-se principalmente aos seguintes fatores: "excesso de atividades, a falta de material e o salário na forma como aparece no cenário de muitas escolas brasileiras" (Santos, 2004, p. 87). Esses empecilhos contribuem para que os professores se desmotivem ao longo do exercício da profissão docente, além de favorecer a exclusão educacional dos alunos.

1.2 Exclusão educacional e suas razões

Uma das consequências da exclusão educacional é a dificuldade de acesso das pessoas a melhores condições no mercado de trabalho, por exemplo. Nesta seção, discorreremos sobre as consequências da adversidade escolar e realizaremos uma breve reflexão sobre os grupos excluídos, além de apresentarmos discussões acerca das motivações dos alunos para a evasão escolar.

1.2.1 Consequências das adversidades

As adversidades dizem respeito às dificuldades que docentes, alunos, escolas, gestores, pais e sociedade em geral enfrentam diante de um cenário educacional distante do ideal. Silva (2016) acredita que "as dificuldades de aprendizagem na escola podem ser consideradas uma das causas que podem conduzir o aluno ao fracasso escolar".

A autora ainda complementa, enfatizando:

> A relação professor/aluno torna o aluno capaz ou incapaz. Se o professor tratá-lo como incapaz, não será bem-sucedido, não permitirá a sua aprendizagem e o seu desenvolvimento. Se o professor mostrar-se despreparado para lidar com o problema apresentado, mais chances terá de transferir suas dificuldades para o aluno. (Silva, 2016)

Observamos, porém, que o professor não trabalha em um ambiente (escola) estruturado. Nesse sentido, se o governo não investir na educação, consequentemente os alunos serão prejudicados, assim como a sociedade em geral, à qual não será oferecida a formação profissional que o mercado exige.

Destacamos, assim, a importância de cada um desempenhar seu papel da melhor forma possível: os alunos precisam ter professores comprometidos com a educação, para se sentirem motivados na realização das atividades escolares; os pais e familiares devem ser uma ponte de apoio, ressaltando a importância da escola; os ministérios da educação devem ter uma atuação competente, visando ao bem-estar dos estudantes, dos professores e dos gestores, a fim de que todos estejam incluídos na educação.

1.2.2 Grupos excluídos: o que são?

Os grupos excluídos representam aqueles que, por algum motivo, não conseguem se inserir na sociedade. Na sequência, apresentamos uma discussão sobre o entendimento de alguns autores sobre essa temática.

> O fenômeno do fracasso e da consequente exclusão da escola não está democraticamente distribuído por todas as camadas da população, incidindo, principalmente, sobre as crianças das classes populares. Ou seja, a exclusão da escola atinge a todos que a ela não têm acesso pela falta de vagas geradas, via de regra, pela inexistência de políticas públicas adequadas às demandas sociais no ensino fundamental. (Fischer, 2001, p. 13)

De acordo com Duk (2006, p. 11), os grupos excluídos no âmbito educacional, caracterizam-se pela "educação de qualidade inferior, como acontece com frequência na educação de pessoas com deficiência, membros de populações nativas ou das comunidades quilombolas brasileiras".

Para Cury (2005, p. 22), *exclusão* pode ser entendida como "lacunas, barreiras, ausências no que é direito de todos, no que é considerado indispensável para o acesso, a permanência e a qualidade de todos na educação básica". Por sua vez, Moll (1996) ressalta que a exclusão escolar relaciona-se à baixa produtividade da escola nas atividades de ensino-aprendizagem. Reiteramos, então, que os grupos excluídos favorecem a evasão escolar, o que discutiremos mais a fundo na sequência.

1.2.3 Evasão escolar: a primeira escolha

Para muitos alunos, a evasão escolar é a primeira escolha. Mas, afinal, o que é *evasão escolar*? A evasão escolar ocorre quando o aluno para de frequentar a escola, caracterizando-se tal situação como abandono escolar. Segundo Castro e Malacarne (2011):

> A evasão escolar é um grande problema relacionado à educação brasileira e atinge todos os níveis de ensino. Entretanto, o termo evasão escolar é utilizado em vários contextos com diferentes significados. [...] Na educação básica, por exemplo, entende-se por evasão

apenas os casos em que os alunos deixam de frequentar a sala de aula, desconsiderando demais situações de saída do aluno da escola.

No Ensino Superior a situação se repete: a conceituação de evasão leva algumas instituições de ensino superior (IES) a não encararem tal problema quando, por exemplo, um aluno de um curso realiza desligamento daquele curso e volta a estudar em outros cursos por meio de transferências. Nestes [sic] casos também não são considerados evasão da Universidade, já que o aluno retornou à IES. Todavia, sua vaga no curso de origem é deixada, causando prejuízos ao aluno, à família, ao professor, à IES e a toda sociedade. Assim, as diferentes designações não permitem quantificar e qualificar exatamente os casos de evasão e nem estudar as causas, buscando alternativas para superação deste problema.

Quanto aos fatores que causam a evasão escolar, destacam-se a utilização de metodologias inadequadas pelos docentes; a falta de preparo dos professores; os problemas de cunho social ou, ainda, a falta de investimentos por parte do governo. A Figura 1.1 ilustra os motivos da evasão escolar e o percentual dos evadidos, segundo o estudo de Neri (2009).

Figura 1.1 – Motivos da evasão escolar

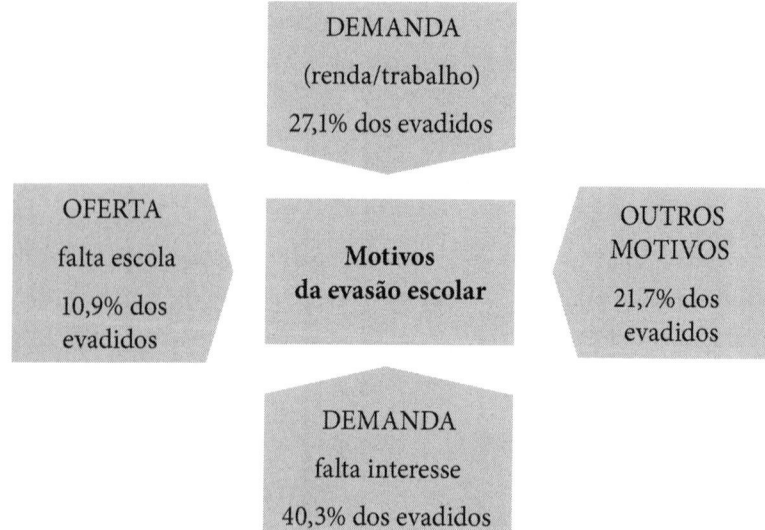

Fonte: Elaborado com base em Neri, 2009, p. 5.

Neri (2009), em sua pesquisa sobre as motivações que levam à evasão escolar, identificou três principais causas da evasão escolar, a saber:

- Miopia ou desconhecimento dos gestores da política pública, restringindo a oferta de serviços educacionais.
- Falta de interesse dos pais e dos alunos sobre a educação ofertada.
- Operação de restrições de renda e do mercado de crédito, que impede as pessoas de explorar os altos retornos ofertados pela educação.

1.3 FORMAS DE EXCLUSÃO EDUCACIONAL

A exclusão escolar ou a impossibilidade de estudar será debatida nesta seção com base em três perspectivas:

1. dos portadores de necessidades especiais;
2. dos aspectos étnicos e culturais;
3. dos fatores socioeconômicos.

1.3.1 PESSOAS COM NECESSIDADES ESPECIAIS

Hoje, no Brasil, muitas pessoas com algum tipo de deficiência são excluídas do mercado de trabalho. Esse processo de exclusão dos portadores de necessidades especiais é tão antigo quanto a socialização do homem (Maciel, 2000). Da mesma forma que as pessoas com necessidades especiais apresentam dificuldades de ser incluídas no mercado de trabalho, tais barreiras também são observadas no âmbito escolar, conforme relato de Prioste (2006, p. 26):

> O que se percebe é que a inclusão de crianças com necessidades educacionais especiais continua estabelecendo fronteiras entre crianças normais e anormais, onde o espaço dos "anormais", mesmo que inseridos em classes regulares, continua substancialmente demarcado pela presença de estereótipos e preconceitos.

Como relata Maciel (2000):

> Movimentos nacionais e internacionais têm buscado o consenso para a formatação de uma política de integração e de educação inclusiva, sendo que seu ápice foi a Conferência Mundial da Educação Especial, que contou com a participação de 88 países e 25 organizações internacionais, em assembleia geral, na cidade de Salamanca, na Espanha, em junho de 1994.

Nesse sentido, observa-se que têm ocorrido esforços na tentativa de reduzir a exclusão educacional; todavia, a literatura clássica e a história do homem caracteriza-se por uma cultura discriminatória, sendo difícil romper tal barreira.

1.3.2 Aspectos étnicos e culturais

No que tange aos aspectos étnicos e culturais, os indígenas são os que apresentam os maiores níveis de exclusão educacional. Quanto à discriminação racial e à desigualdade, os pretos e pardos são frequentemente tratados como um segmento, o de negros, "super-representados", em todas as faixas etárias, no conjunto de pessoas que se encontram fora da escola (Barreto; Codes; Duarte, 2012).

1.3.3 Fatores socioeconômicos

Um dos fatores que distinguem os que frequentam a escola dos que não a frequentam é a renda familiar. No que concerne às macrorregiões brasileiras, o Sul e o Sudeste apresentam a situação mais favorável com relação à inclusão educacional. Nesse sentido, notamos que:

> Grande parte dos estudantes oriundos dos segmentos excluídos educacionalmente reside nas periferias das grandes cidades, onde são precárias as condições de moradia e de acesso a serviços públicos,

inclusive os de segurança. Muitas delas são acossadas pela violência, por confrontos entre grupos criminosos e entre esses grupos e as forças de segurança pública. As escolas, os professores e os alunos convivem com riscos permanentes, e são frequentes as interrupções das aulas. Ainda que seu enfrentamento extrapole a área da educação, exige dos sistemas de ensino políticas e ações apropriadas. (Barreto; Codes; Duarte, 2012, p. 32)

Outro fator da exclusão educacional refere-se àqueles que residem na zona rural. De acordo com Barreto, Codes e Duarte (2012, p. 30),

A distância física entre as escolas e as crianças constitui também um obstáculo que precisa ser superado para minorar a exclusão educacional. No Brasil, o problema é maior na área rural, mas ocorre ainda em periferias de grandes cidades, especialmente em aglomerados não reconhecidos legalmente. Garantir o acesso à educação em determinados locais, como áreas ribeirinhas e outras regiões com densidade demográfica muito baixa, impõe desafios que, no entanto, devem ser enfrentados, com respostas adequadas às diferentes circunstâncias.

Especialmente para a zona rural, o transporte escolar dos alunos para as escolas urbanas tem sido a estratégia mais amplamente utilizada, mas não sem problemas, como os riscos à segurança e o distanciamento de contextos. O MEC apoia essa estratégia há muitos anos, tendo ampliado esse suporte no âmbito do Plano de Desenvolvimento da Educação (PDE), instituído em 2007.

Discutir sobre os grupos excluídos no âmbito educacional não é uma tarefa simples, considerando que todos devem ter acesso à educação de qualidade. As dificuldades dos menos favorecidos têm levado vários países a estabelecer programas de transferência de renda condicionados à frequência escolar. O Brasil é um dos países pioneiros nesse tipo de ação, com o Programa Bolsa Família. Além disso, são muitos os fatores que influenciam o ambiente de aprendizagem, entre entre os quais estão as características dos estudantes e o cenário familiar.

Síntese

Neste primeiro capítulo, apresentamos a evolução histórica da educação, ressaltando os principais aspectos ao longo do período cristão, do período aristocrático e do período da socialização da educação. Na sequência, discorremos sobre as dificuldades ou adversidades educacionais enfrentadas por professores e alunos no ambiente escolar, com enfoque nas relações socioafetivas e nas relações com o conteúdo da ação docente. Vimos que, como consequência dessas adversidades, ocorre a evasão escolar, que corresponde ao abandono da escola por parte do aluno. Por fim, apresentamos algumas formas de exclusão educacional, levando à constatação de que ainda hoje muitas pessoas são oprimidas e discriminadas por serem consideradas "diferentes".

Perguntas e respostas

1. Quais as três causas identificadas no estudo de Neri (2009) que levam à evasão escolar?

Resposta

Neri (2009), em sua pesquisa sobre as motivações que levam os alunos à evasão escolar, identificou três principais causas da evasão escolar, a saber: 1) Miopia ou desconhecimento dos gestores da política pública, restringindo a oferta de serviços educacionais; 2) Falta de interesse dos pais e dos alunos sobre a educação ofertada; e 3) Operação de restrições de renda e do mercado de crédito que impede as pessoas de explorar os altos retornos ofertados pela educação.

2. Sobre a história da educação brasileira, como foi o período cristão?

Resposta

O período cristão (do Descobrimento às reformas pombalinas), refere-se à sociedade e à educação do Brasil no período colonial, marcado pelo trabalho escravo, latifúndio, monocultura e a produção direcionada a atender as necessidades dos europeus. No que tange à educação, os jesuítas tiveram um importante papel no controle da educação na Colônia. No entanto, o Marquês de Pombal expulsou-os do Brasil e do Reino de Portugal, alegando que eles eram um obstáculo para as reformas do Estado português. Assim, a educação passou a ser subsidiada pelo Estado Nacional, por meio das aulas régias.

CONSULTANDO A LEGISLAÇÃO

Para um aprofundamento dos conteúdos aqui discutidos, consulte a LDBEN de 1996:

BRASIL. Lei n. 9.394/96, de 20 de dezembro de 1996. **Diário Oficial da União**, Poder Legislativo, Brasília, DF, 23 dez. 1996. Disponível em: <http://www.planalto.gov.br/ccivil_03/leis/L9394.htm>. Acesso em: 27 set. 2016.

INDICAÇÕES CULTURAIS

FRIGOTTO, G. Os circuitos da história e o balanço da educação no Brasil na primeira década do século XXI. **Revista Brasileira de Educação**, v. 16, n. 46, p. 235-254, 2011. Disponível em: <http://www.scielo.br/pdf/rbedu/v16n46/v16n46a13>. Acesso em: 27 set. 2016.

SANTOS, F. M. Afetividade na prática docente como forma de combater a evasão escolar: experiência com alunos do Instituto Luciano Barreto Júnior. **Caderno Intersaberes**, v. 3, n. 4, p. 117-127, 2014. Disponível em: <http://www.grupouninter.com.br/intersaberes/index.php/cadernointersaberes/article/view/557/391>. Acesso em: 27 set. 2016.

SAVIANI, D. História da educação no Brasil: um balanço prévio e necessário. **EccoS – Revista Científica**, v. 10, número especial, p. 147-167, 2008. Disponível em: <http://www4.uninove.br/ojs/index.php/eccos/article/viewFile/1356/1020>. Acesso em 27 set. 2016.

ATIVIDADES DE AUTOAVALIAÇÃO

1. Quais são os dois eixos das adversidades relacionadas aos professores no ambiente escolar?

    a) Relações escolares e relações entre pais e alunos.
    b) Relações entre os ministérios da educação e a sociedade.
    c) Relações socioafetivas e relações com o conteúdo da ação docente.
    d) Relações docentes e relações discentes.

2. A Companhia de Jesus refere-se a qual período da história da educação brasileira?

    a) Período cristão.
    b) Período cultural.
    c) Período aristocrático.
    d) Período de socialização da educação.

3. Sobre o período de socialização da educação, assinale a alternativa **incorreta**:

    a) Refere-se ao período do início do século XX até os dias atuais.
    b) Foi elaborada a primeira Constituição e o trabalho escravo continuou a existir, assim como o latifúndio e a monocultura.
    c) Quanto à educação, os católicos reagiram contra as reformas educacionais e estabeleceram uma luta ideológica contra os reformadores da educação, que, mais tarde, em 1961, desdobrou-se na primeira Lei de Diretrizes e Bases da Educação.
    d) Com a Revolução de 1930, o Brasil tornou-se mais liberal e democrático.

4. O que é evasão escolar?

5. Comente sobre o conteúdo da ação docente.

Atividades de aprendizagem

Questões para reflexão

1. Comente sobre o regime militar no período de socialização da educação.

2. Explique por que o calendário escolar também pode ser considerado uma adversidade.

3. Comente sobre a educação escolar no período aristocrático.

4. Comente sobre as pressões internas e o ato de ensinar no contexto da adversidade educacional do docente.

5. A respeito de pessoas com necessidades especiais comente sobre a exclusão educacional nos dias de hoje.

Educação: um direito de todos

As diferenças sociais, econômicas e culturais impactam na divisão da sociedade. A expansão da democracia e de políticas direcionadas ao bem-estar social sugerem novas formas de relacionamento entre as pessoas, a fim de amenizar as diferenças sociais. Tais ações contribuem para o desenvolvimento de uma sociedade mais justa, igualitária e inclusiva.

Neste capítulo, nosso foco será na inclusão educacional, tendo em vista que o Brasil vem passando por transformações pedagógicas, administrativas e de gestão, o que revela a relevância desses assuntos no contexto educacional. Além disso, apresentaremos as políticas públicas que orientam a educação inclusiva.

2.1 Entendendo a inclusão educacional

No ano de 1990, a Assembleia Geral da Organização das Nações Unidas (ONU) verificou a necessidade de o mundo tornar-se mais inclusivo, respeitando, assim, as particularidades e as limitações dos indivíduos. O Brasil, desde então, vem adotando medidas inclusivas, como a inserção das pessoas com deficiência no mercado de trabalho, nas escolas, nas atividades culturais e de lazer, por exemplo.

2.1.1 O QUE É INCLUSÃO EDUCACIONAL?

Primeiro, é importante que seja feita uma reflexão acerca do que significa *incluir*. Na ótica educacional, o termo *incluir* não diz respeito simplesmente a inserir os estudantes nas escolas, indo muito além, pois, no processo de inclusão, devem ser identificadas as capacidades e as limitações dos alunos com necessidades especiais (Caldas et al., 2014).

Souza (2002, p. 10) descreve que "a inclusão não é um ato espontâneo, pede uma intenção e uma intervenção e, portanto, tem um caráter intencional; requer planejamento de metas e de conteúdos; requer estrutura e formalização". A prática de incluir refere-se a uma tarefa bastante complexa, pois envolve a mudança de paradigma, na medida em que a estrutura escolar é modificada, sobretudo nas questões de planejamento, currículo e processos avaliativos.

Essa complexidade do processo de inclusão ocorre porque envolve profissionais, familiares, a população em geral e o próprio sujeito da inclusão. Nesse sentido, a filosofia da inclusão fundamenta-se em uma educação eficaz para todos os alunos, independentemente de apresentarem ou não algum tipo de necessidade especial; logo, a escola deve atender às necessidades de todos os alunos, respeitando suas características (Sánchez, 2005).

No Brasil, o discurso referente a essa temática propõe a inserção de todos os alunos na escola regular, independentemente de suas diferenças. Desse modo, busca-se que as particularidades individuais sejam aceitas tanto pelos professores como pelos colegas, e que não haja reflexos negativos no processo de ensino-aprendizagem.

A Secretaria de Educação Continuada, Alfabetização, Diversidade e Inclusão (Secadi) do Ministério da Educação (MEC), atribui atenção especial à diversidade dos alunos e preza pela qualidade do ensino. Com relação à inclusão educacional, um dos objetivos da secretaria é a garantia do acesso à educação a todos os alunos, a fim de assegurar seu desenvolvimento.

Mrech (1998, p. 37) define *educação inclusiva* da seguinte maneira:

> processo de inclusão dos portadores de necessidades especiais ou de distúrbios de aprendizagem na rede comum de ensino em todos os seus níveis, da pré-escola ao quarto grau. Na escola inclusiva o processo educativo é entendido como um processo social. Ela se apresenta como a vanguarda do processo educacional.

Ferreira (2005, p. 42) destaca que a educação inclusiva

> não diz respeito somente às crianças com deficiência, – cuja grande maioria no Brasil ainda permanece fora das escolas, porque nós nem tentamos aceitá-las –, mas diz respeito a todas as crianças que enfrentam barreiras: barreiras de acesso à escolarização ou de acesso ao currículo, que levam ao fracasso escolar e à exclusão social. Na verdade, são essas barreiras que são nossas grandes inimigas e devem ser foco de nossa atenção para que possamos identificá-las, entendê-las e combatê-las.

A educação inclusiva pressupõe que as escolas sejam livres de barreiras e que possam contribuir para o tratamento justo e igualitário. Para isso, o ambiente escolar deve ser concebido como um ambiente único, em que a classe seja vista como um todo, sem considerar as diferenças individuais (Caldas et al., 2014).

Sánchez (2005, p. 9) apresenta algumas recomendações no que tange aos direitos dos alunos:

- todas as crianças têm direito à educação e deve-se dar a elas a oportunidade de alcançar e manter um nível aceitável de conhecimentos;
- cada criança tem características, interesses, capacidades e necessidades de aprendizagem que lhe são próprias;
- os sistemas de ensino devem ser organizados e os programas aplicados de modo que tenham em conta todas as diferentes características e necessidades;

- as pessoas com necessidades educacionais especiais devem ter acesso às escolas comuns; e
- as escolas comuns devem representar um meio mais eficaz para combater as atitudes discriminatórias, criar comunidades acolhedoras, construir uma sociedade integradora e alcançar a educação para todos.

Nesse sentido, podemos entender a inclusão educacional como uma questão de direitos humanos, considerando que não pode haver discriminação entre as pessoas pelo fato de alguém apresentar alguma necessidade especial, por causa do seu gênero ou da sua etnia, ou, ainda, por apresentar dificuldades de aprendizagem. Além disso, a educação inclusiva representa um sistema de valores e crenças (Falvey; Givner; Kimm, 1995).

Dessa forma, *inclusão educacional* pode ser definida como

> uma tentativa a mais de atender as dificuldades de aprendizagem de qualquer aluno no sistema educacional e como um meio de assegurar que os alunos, [sic] que apresentam alguma deficiência, [sic] tenham os mesmos direitos que os outros, ou seja, os mesmos direitos dos seus colegas escolarizados em uma escola regular. (Sánchez, 2005, p. 11)

Portanto, não só o contexto educacional, mas toda a sociedade deve prezar pela inclusão dos indivíduos, pois cada ser humano é único e pode contribuir de alguma forma para o desenvolvimento social. Em outras palavras, o importante é que todos tenham a liberdade de frequentar os diferentes ambientes sem serem excluídos.

2.1.2 A importância da inclusão educacional

Ressaltamos a importância da inclusão educacional devido a este ser um tema polêmico e abrangente, sendo fortemente debatido no âmbito político-educacional. Tais discussões são centradas nos estudantes que apresentam algum tipo de necessidade especial, bem como são voltadas aos alunos que apresentam dificuldades em sua trajetória escolar (Moreira; Michels; Colossi, 2006).

Segundo Ferreira (2005, p. 41-42, grifo do original):

> A Educação Inclusiva surgiu, e vem crescendo no mundo inteiro, com base no pressuposto de que TODA criança tem direito à educação de qualidade e de que, portanto, os sistemas educacionais têm que mudar para poder responder a essas necessidades. Na educação inclusiva defendemos que TODAS as crianças SÃO ESPECIAIS e, por isso mesmo, devem receber o que a escola tem de melhor – em outras palavras todas as escolas devem ser especiais. Como crianças especiais, TODAS têm direito de acesso à educação e de conviver com as crianças de seu próprio bairro, seus irmãos, seus colegas, seus pais ou familiares e TODAS merecem nossa atenção, cuidado e aperfeiçoamento.

Nesse sentido, assegura-se a toda criança o direito à educação com qualidade, logo, os principais benefícios da inclusão centram-se na possibilidade de os alunos e professores vivenciarem o que é **diferente**. À medida que os professores são capacitados para lidar com essas diferenças, o conceito de equidade de oportunidade passa a ser considerado (Caldas et al., 2014). Possibilitando aos excluídos uma participação mais ativa na sociedade, de modo que estes se sintam importantes por serem reconhecidos, as pessoas passam a compreender as limitações do outro e, assim, a respeitá-las.

2.1.3 CARACTERÍSTICAS DA INCLUSÃO EDUCACIONAL

As características da inclusão educacional centram-se basicamente na não discriminação das deficiências, da cultura e do gênero (Ballard, 1997). Sob a ótica escolar, Sassaki (1997) elenca as principais características de uma escola inclusiva, conforme demonstramos no Quadro 2.1.

Quadro 2.1 – Características de uma escola inclusiva

Senso de pertencer	Filosofia e visão de que todas as crianças pertencem à escola e à comunidade e de que podem aprender juntas.
Liderança	O diretor envolve-se ativamente com a escola toda no provimento de estratégias.
Padrão de excelência	Os altos resultados educacionais refletem as necessidades individuais dos alunos.
Colaboração e cooperação	Envolvimento de alunos em estratégias de apoio mútuo (ensino de iguais, sistema de companheiro, aprendizado cooperativo, ensino em equipe, coensino, equipe de assistência aluno-professor etc.).
Novos papéis e responsabilidades	Os professores falam menos e assessoram mais; psicólogos atuam com os professores nas salas de aula; todo o pessoal da escola faz parte do processo de aprendizagem.
Parceria com os pais	Os pais são parceiros igualmente essenciais na educação dos filhos.
Acessibilidade	Todos os ambientes físicos são tornados acessíveis e, quando necessário, é oferecida tecnologia assistiva.
Ambientes flexíveis de aprendizagem	Espera-se que os alunos se promovam de acordo com o estilo e o ritmo individual de aprendizagem, e não de uma única maneira para todos.
Estratégias baseadas em pesquisas	Aprendizado cooperativo, adaptação curricular, ensino de iguais, instrução direta, ensino recíproco, treinamento em habilidades sociais.
Novas formas de avaliação escolar	Dependendo cada vez menos de testes padronizados, a escola usa novas formas de avaliar o progresso de cada aluno rumo aos respectivos objetivos.
Desenvolvimento profissional continuado	Aos professores são oferecidos cursos de aperfeiçoamento contínuo, visando à melhoria de seus conhecimentos e suas habilidades para melhor educar seus alunos.

Fonte: Elaborado com base em Sassaki, 1997.

Com base nessas características, podemos entender que a inclusão educacional não é somente um compromisso da escola, mas de todos aqueles que buscam uma sociedade mais justa e igualitária, prezando pelo respeito às diferenças. Espera-se, então, que nessas relações haja:

- cooperação/solidariedade;
- respeito às diferenças;
- comunidade;
- valorização das diferenças;
- melhora para todos (Sánchez, 2005).

Se cada indivíduo cumprir seu papel de respeito ao próximo e conseguir conviver com a adversidade, não só o ambiente escolar, mas todas as relações sociais serão desempenhadas de forma eficaz e, consequentemente, os resultados de todos poderão ser potencializados.

2.2 Diferentes formas de incluir-se educacionalmente

Nesta seção, apresentaremos o papel da educação especial e sua interação com o sistema educacional, além de evidenciar os desafios da inclusão na escola regular.

2.2.1 A educação especial

No Brasil, a década de 1970 foi marcada pela expansão das classes especiais e a criação de órgãos normativos nos âmbitos federal e estadual. Esse novo olhar atribuído à educação, especificamente à educação especial, é reflexo das experiências norte-americanas e europeias.

Esse período sinalizou o início da utilização da expressão **Necessidades Educativas Especiais** (**NEE**) para se referir

> a todas as situações em que, devido a peculiaridades individuais, relacionadas com problemas de natureza física, intelectual ou emocional

ou dificuldades de aprendizagem, o processo ensino-aprendizagem se encontra de tal forma alterado que exige adaptação das condições comumente oferecidas pelos sistemas educativos. (Serra, 2002, p. 29)

Na década de 1980, a integração na educação passou a ser uma opção. Cardoso (2004, p. 18) explica que "o ensino das crianças e jovens com dificuldades especiais deveria ser feito, pelo menos quanto possível, no âmbito da escola regular". A Figura 2.1 representa a inserção da educação especial no sistema educacional brasileiro nos diferentes níveis de educação e ensino. Pela ilustração, podemos observar que a educação especial contempla a educação básica e a educação superior, além de integrar a educação de jovens e adultos (EJA) e a educação indígena.

Figura 2.1 – *Educação especial integrando o sistema educacional*

Educação básica	Educação	superior	Educação especial
	Ensino	médio	
	Educação	fundamental	
	Educação	infantil	

Fonte: Elaborado com base em Aranha, 2003, p. 4.

Os órgãos reguladores também passam a ter uma visão diferenciada acerca das NEE. A Resolução n. 2, do Conselho Nacional de Educação (CNE) e da Câmara de Educação Básica (CEB), em seu art. 3º, rege:

> Por *educação especial*, modalidade da educação escolar, entende-se um processo educacional definido por uma proposta pedagógica que assegure recursos e serviços educacionais especiais, organizados institucionalmente para apoiar, complementar, suplementar e, em alguns casos, substituir os serviços educacionais comuns, de modo a garantir a educação escolar e promover o desenvolvimento das

potencialidades dos educandos que apresentam necessidades educacionais especiais, em todas as etapas e modalidades da educação básica. (Brasil, 2001d, grifo do original)

Nesse sentido, Cardoso (2004, p. 23) afirma que

> O papel da Educação Especial assume, a cada ano, importância maior, dentro da perspectiva de atender às crescentes exigências de uma sociedade em processo de renovação e de busca incessante da democracia, que só será alcançada quando todas as pessoas, sem discriminação, tiverem acesso à informação, ao conhecimento e aos meios necessários para a formação de sua plena cidadania. Mas como o discurso democrático nem sempre corresponde à prática das interações humanas, alguns segmentos da comunidade, principalmente os sujeitos com necessidades especiais, permanecem à margem, discriminados, exigindo ordenamentos sociais específicos, que lhes garantam o exercício dos direitos e deveres.

Assim, a educação especial atua no sentido de transformar o sistema educacional por meio de práticas inclusivas. Seu propósito resulta basicamente em conviver com as diferenças e acolher a todos, independentemente das especificidades individuais. Paralelamente aos anseios da inclusão educacional, inserem-se os desafios da inclusão dos alunos que apresentam NEE na escola regular, assunto que será discutido a seguir.

2.2.2 O DESAFIO DA INCLUSÃO NA ESCOLA REGULAR

Nas últimas décadas, progressos e mudanças têm ocorrido no âmbito da educação especial. O propósito desse avanço centra-se na busca do ensino inclusivo eficaz, em que as famílias, a comunidade e a tecnologia atuem juntas no sentido de reduzir os déficits da educação especial.

Camacho O. T. (2004, p. 9) argumenta:

> Todos esses progressos e mudanças se têm encaminhado com o único propósito de estabelecer um tipo de escola capaz de adaptar-se, acolher e cultivar as diferenças como um elemento de valor positivo,

e a abertura de um espaço pluralista e multicultural, no qual se mesclem as cores, os gêneros, as capacidades, permitindo assim o acesso aos serviços básicos e elementares de todos os seres humanos e a construção de uma escola, uma educação na qual todos, sem exclusão, encontrem uma resposta educativa de acordo com as suas necessidades e características peculiares [...].

São inúmeros os desafios com que as escolas regulares se deparam para atuarem de maneira inclusiva. A cultura, as políticas e as práticas educacionais são elementos que apresentam forte impacto nesse processo de integração dos alunos com necessidades especiais nas escolas regulares (Carvalho, 2005).

Mantoan (2005a, p. 26) destaca os principais obstáculos referentes à inclusão dos alunos que possuem algum tipo de NEE:

> escolas que carecem de possibilidades de acesso físico a alunos com deficiências motoras; salas de aula superlotadas; falta de recursos especializados para atender às necessidades de alunos com deficiências visuais; necessidade de se dominar a língua brasileira de sinais (LIBRAS) e de intérpretes para os alunos surdos; ausência ou distanciamento de serviços de apoio educacional ao aluno e professor; resistência de professores, que alegam falta de preparo para atender aos alunos com deficiência, nas salas de aulas comuns; reticências dos pais de alunos com e sem deficiência.

No processo de inclusão na escola regular, além de considerar as limitações no sistema de ensino, deve-se verificar atentamente quais as necessidades dos professores, e como as salas de aula precisam ser reorganizadas, tendo em vista que o processo de ensino-aprendizagem ocorre de forma sistemática e programada.

Nesse contexto, Carvalho (2005, p. 5) elenca alguns questionamentos acerca das dificuldades que a escola regular apresenta: "como planejar e desenvolver práticas pedagógicas verdadeiramente inclusivas, de modo a atender a todos e a cada um, valorizando o trabalho na diversidade, entendida como um recurso e não como obstáculo? O que nos falta para desenvolver práticas pedagógicas com direção inclusiva?".

É importante a reflexão sobre tais questionamentos, a fim de tornar a inclusão educacional um processo efetivo. O Quadro 2.2 evidencia alguns dos desafios que a escola regular enfrenta ao comprometer-se com a inclusão educacional na ótica do projeto pedagógico e das adequações curriculares pertinentes ao processo de inclusão. Sobre esses aspectos, ressaltamos que a flexibilização e o respeito às características individuais fundamentam a inclusão educacional.

Quadro 2.2 – Desafios da escola regular para a inclusão educacional

Projeto pedagógico	• Atitude favorável da escola para diversificar e flexibilizar o processo de ensino-aprendizagem, de modo a atender às diferenças individuais dos alunos. • Identificação das necessidades educacionais especiais para justificar a priorização de recursos e de meios favoráveis à sua educação. • Adoção de currículos abertos e propostas curriculares diversificadas, em lugar de uma concepção uniforme e homogeneizadora de currículo. • Flexibilidade quanto à organização e ao funcionamento da escola para atender à demanda diversificada dos alunos. • Possibilidade de incluir professores especializados, serviços de apoio e outros, não convencionais, para favorecer o processo educacional.

(continua)

(Quadro 2.2 - conclusão)

ADEQUAÇÕES CURRICULARES	• Flexibilidade, isto é, a não obrigatoriedade de que todos os alunos atinjam o mesmo grau de abstração ou de conhecimento, num tempo determinado. • Acomodação, ou seja, a consideração de que, ao planejar atividades para uma turma, deve-se levar em conta a presença de alunos com necessidades educacionais especiais e contemplá-los na programação. • Trabalho simultâneo, cooperativo e participativo, entendido como a participação dos alunos com necessidades educacionais especiais nas atividades desenvolvidas pelos demais colegas, embora não o façam com a mesma intensidade, nem necessariamente de igual modo ou com a mesma ação e grau de abstração.

Fonte: Elaborado com base em Brasil, 2006b.

Portanto, a inclusão dos alunos com necessidades especiais no ensino regular demanda acompanhamento constante dos professores e serviços pedagógicos especializados, a fim de proporcionar a todos os estudantes o ensino de qualidade.

2.3 Políticas públicas para a inclusão: normas

Com a Constituição Federal de 1988, no Brasil, sobretudo a partir da década de 1990, começou uma era de reforma no sistema educacional. O fundamento dessa transformação sustentava-se na equidade, ou seja, todos deveriam ter acesso à educação de qualidade. Nesse sentido, esta seção apresenta discussões relativas a:

- princípios norteadores da inclusão educacional;
- legislações específicas para a inclusão educacional;
- políticas públicas para a inclusão: práticas inclusivas.

2.3.1 Princípios norteadores da inclusão educacional

As Diretrizes Nacionais para a Educação Especial na Educação Básica (Brasil, 2001e) estabelecem três princípios no que tange ao direito à educação das pessoas que apresentam algum tipo de necessidade especial:

1. Preservação da dignidade humana.
2. Busca da identidade.
3. Exercício da cidadania.

A Constituição Federal (1988) estabelece em seu art. 1º fundamentos que norteiam os princípios da inclusão educacional, como segue:

> A República Federativa do Brasil, formada pela união indissolúvel dos Estados e Municípios e do Distrito Federal, constitui-se em Estado Democrático de Direito e tem como fundamentos:
> I – a soberania;
> II – a cidadania;
> III – a dignidade da pessoa humana;
> IV – os valores sociais do trabalho e da livre iniciativa;
> V – o pluralismo político.
> Parágrafo único. Todo o poder emana do povo, que o exerce por meio de representantes eleitos ou diretamente, nos termos desta Constituição. (Brasil, 1988)

Assim, o princípio da **preservação da dignidade humana** considera que o direito à igualdade de oportunidade seja respeitado. Assim, "toda e qualquer pessoa é digna e merecedora do respeito de seus semelhantes e tem o direito a boas condições de vida e à oportunidade de realizar seus projetos" (Brasil, 2001c, p. 23). Nesse sentido, inserem-se as práticas educacionais direcionadas ao atendimento de alunos que apresentam algum tipo de necessidade especial.

Ainda de acordo com as Diretrizes Nacionais para a Educação Especial na Educação Básica:

A educação, ao adotar a diretriz inclusiva no exercício de seu papel socializador e pedagógico, busca-se estabelecer relações pessoais e sociais de solidariedade, sem máscaras, refletindo um dos tópicos mais importantes para a humanidade, uma das maiores conquistas de dimensionamento "ad intra" e "ad extra" do ser e da abertura para o mundo e para o outro. Essa abertura, solidária e sem preconceitos, poderá fazer com que todos percebam-se como dignos e iguais na vida social. (Brasil, 2001e, p. 25).

Podemos entender, então, que o respeito à dignidade humana promove práticas de solidariedade ao próximo; dessa forma, todos os indivíduos passam a desempenhar um papel relevante na sociedade, independentemente de suas especificidades.

Assim, todos os seres humanos devem ter igualdade de oportunidade e sabedoria para tratar as diferenças, ou seja, deve haver respeito, considerando que os indivíduos têm direito assegurado na Constituição Federal (1988) para constituir uma identidade própria e ser respeitados como cidadãos. Tais argumentos sustentam os princípios da **busca da identidade** e **o exercício da cidadania**.

A seguir, apresentamos, conforme as Diretrizes Nacionais para a Educação Especial na Educação Básica, a forma como tais princípios contribuem para a inclusão educacional:

> A inclusão escolar constitui uma proposta que representa valores simbólicos importantes, condizentes com a igualdade de direitos e de oportunidades educacionais para todos, mas encontra ainda sérias resistências. Estas se manifestam, principalmente, contra a ideia de que todos devem ter acesso garantido à escola comum. A dignidade, os direitos individuais e coletivos garantidos pela Constituição Federal impõem às autoridades e à sociedade brasileira a obrigatoriedade de efetivar essa política, como um direito público subjetivo, para o qual os recursos humanos e materiais devem ser canalizados, atingindo, necessariamente, toda a educação básica. (Brasil, 2001e, p. 26-27)

Dada a relevância da inclusão educacional, apresentamos a seguir as legislações específicas sobre essa abordagem, cujo propósito é de que todos tenham acesso à educação inclusiva, na qual se respeite as características individuais dos alunos.

2.3.2 LEGISLAÇÕES ESPECÍFICAS PARA A INCLUSÃO EDUCACIONAL

O Quadro 2.3 reúne de forma cronológica as leis, os decretos e as portarias relacionadas às práticas de inclusão educacional no Brasil.

Quadro 2.3 – Legislações específicas da educação especial

CONSTITUIÇÃO FEDERAL/1988	Art. 208. O dever do Estado com a educação será efetivado mediante a garantia de: [...] III – atendimento educacional especializado aos portadores de deficiência, preferencialmente na rede regular de ensino; IV – educação infantil, em creche e pré-escola, às crianças até 5 (cinco) anos de idade; (Redação dada pela Emenda Constitucional n. 53, de 2006) V – acesso aos níveis mais elevados do ensino, da pesquisa e da criação artística, segundo a capacidade de cada um; [...] Art. 227. [...] II – criação de programas de prevenção e atendimento especializado para as pessoas portadoras de deficiência física, sensorial ou mental, bem como de integração social do adolescente e do jovem portador de deficiência, mediante o treinamento para o trabalho e a convivência, e a facilitação do acesso aos bens e serviços coletivos, com a eliminação de obstáculos arquitetônicos e de todas as formas de discriminação. (Redação dada pela Emenda Constitucional n. 65, de 2010) § 2º A lei disporá sobre normas de construção dos logradouros e dos edifícios de uso público e de fabricação de veículos de transporte coletivo, a fim de garantir acesso adequado às pessoas portadoras de deficiência.

(continua)

(Quadro 2.3 – continuação)

Lei **n. 7.853/1989**	Dispõe sobre o apoio às pessoas portadoras de deficiência, sua integração social, sobre a Coordenadoria Nacional para Integração da Pessoa Portadora de Deficiência (Corde), institui a tutela jurisdicional de interesses coletivos ou difusos dessas pessoas, disciplina a atuação do Ministério Público, define crimes, e dá outras providências. [...] Art. 2º Ao Poder Público e seus órgãos cabe assegurar às pessoas portadoras de deficiência o pleno exercício de seus direitos básicos, inclusive dos direitos à educação, à saúde, ao trabalho, ao lazer, à previdência social, ao amparo à infância e à maternidade, e de outros que, decorrentes da Constituição e das leis, propiciem seu bem-estar pessoal, social e econômico. [...] I – na área da educação: a) a inclusão, no sistema educacional, da Educação Especial como modalidade educativa que abranja a educação precoce, a pré-escolar, as de 1º e 2º graus, a supletiva, a habilitação e reabilitação profissionais, com currículos, etapas e exigências de diplomação próprios; b) a inserção, no referido sistema educacional, das escolas especiais, privadas e públicas; c) a oferta, obrigatória e gratuita, da Educação Especial em estabelecimento público de ensino; d) o oferecimento obrigatório de programas de Educação Especial a nível pré-escolar, em unidades hospitalares e congêneres nas quais estejam internados, por prazo igual ou superior a 1 (um) ano, educandos portadores de deficiência; e) o acesso de alunos portadores de deficiência aos benefícios conferidos aos demais educandos, inclusive material escolar, merenda escolar e bolsas de estudo; f) a matrícula compulsória em cursos regulares de estabelecimentos públicos e particulares de pessoas portadoras de deficiência capazes de se integrarem no sistema regular de ensino; [...].
Lei **n. 8.069/1990**	Dispõe sobre o Estatuto da Criança e do Adolescente (ECA) e dá outras providências.

(Quadro 2.3 – conclusão)

Lei n. 9.394/1996	Estabelece as diretrizes e bases da educação nacional.
Decreto n. 3.298/1999	Regulamenta a Lei n. 7.853, de 24 de outubro de 1989, dispõe sobre a Política Nacional para a Integração da Pessoa Portadora de Deficiência, consolida as normas de proteção, e dá outras providências.
Portaria MEC n. 1.679/1999	Dispõe sobre requisitos de acessibilidade de pessoas portadoras de deficiências, para instruir os processos de autorização e de reconhecimento de cursos, e de credenciamento de instituições.
Lei n. 10.098/2000	Estabelece normas gerais e critérios básicos para a promoção da acessibilidade das pessoas portadoras de deficiência ou com mobilidade reduzida, e dá outras providências.
Lei n. 10.172/2001	Aprova o Plano Nacional de Educação (PNE) e dá outras providências.
Resolução CNE/CEB n. 2/2001	Institui Diretrizes Nacionais para a Educação Especial na Educação Básica.

2.4 Políticas públicas para a inclusão: práticas inclusivas

A busca pela inserção social, sobretudo a educacional, é um assunto relevante, tendo em vista que, ainda hoje, observam-se dificuldades por parte das pessoas em aceitar o que é diferente. No âmbito escolar, ainda permeiam discriminações, o que faz com que os alunos portadores de algum tipo de deficiência muitas vezes até desistam de estudar em decorrência da sua aceitação na escola. Nesta seção, partimos desse pressuposto e trazemos algumas discussões sobre políticas públicas de inclusão educacional referentes a:

1. subsídios governamentais;
2. capacitação de profissionais da educação;
3. escolas e turmas especiais.

De acordo com as Diretrizes Nacionais para a Educação Especial na Educação Básica:

> A construção de uma sociedade inclusiva é um processo de fundamental importância para o desenvolvimento e a manutenção de um Estado democrático. Entende-se por inclusão a garantia, a todos, do acesso contínuo ao espaço comum da vida em sociedade, sociedade essa que deve estar orientada por relações de acolhimento à diversidade humana, de aceitação das diferenças individuais, de esforço coletivo na equiparação de oportunidades de desenvolvimento, com qualidade em todas as dimensões da vida. (Brasil, 2001e, p. 20)

Tal citação merece reflexão por meio dos seguintes questionamentos: Será que minha atuação na sociedade é de forma inclusiva? Quais são minhas atitudes perante as pessoas com necessidades especiais?

2.4.1 Subsídios governamentais

O século XX foi marcado pela falta de atenção às pessoas com necessidades especiais. Assim, no decorrer desse período, essas pessoas encontravam-se desintegradas da sociedade. De acordo com o manual *Direito à educação: subsídios para a gestão dos sistemas educacionais – orientações gerais e marcos legais*:

> As medidas governamentais dirigidas a elas, igualmente – quando existiam – eram concebidas de maneira apartada em relação às políticas gerais. Tanto que se favoreceu o desenvolvimento de instituições segregadas de atendimento, inclusive educacional, oriundas da mobilização de familiares e amigos que respondiam, assim, ao descaso ou à atenção apenas residual da parte do Estado. O próprio Estado disseminou tal modelo, criando também instituições especializadas, ou então classes especiais, ambiente segregado no interior de uma escola comum. (Blattes, 2006, p. 9)

Constatamos, assim, que os subsídios governamentais atribuídos às pessoas com necessidades especiais eram mínimos quando existiam – ou seja, a atenção a esse público era precária. No entanto, com as movimentações de familiares e de amigos dessas pessoas, começaram as primeiras conquistas referentes à integração delas na sociedade.

A Declaração de Salamanca, em 1994, foi um fator que contribuiu positivamente para que o governo passasse a olhar com outros olhos as pessoas com necessidades especiais, sobretudo no aspecto educacional, em que se estabeleceram debates acerca de conceitos, indicadores e políticas sociais.

Percebemos, então, que as pessoas com algum tipo de necessidade especial estão condicionadas às políticas públicas de inclusão social para se inserirem na sociedade de forma legítima. As diretrizes de ação no plano nacional "política e organização" estabelecem que:

16. A legislação deve reconhecer o princípio de igualdade de oportunidades, de crianças, jovens e adultos com deficiências, no ensino primárias, secundárias e superior, ensino ministrado, sempre que possível, em centros integrados.

17. Deverão ser adotadas medidas legislativas paralelas e complementares, em saúde, no bem-estar social, na formação profissional e no emprego, para apoiar e tornar efetivas a legislação educacional.

18. As políticas educacionais em todos os níveis, do nacional "ao local, devem estipular que a criança com deficiência frequente a escola mais próxima, ou seja, a escola que frequentaria caso não tivesse uma deficiência. As exceções a esta norma deverão ser consideradas individualmente, caso por caso, somente nos casos em que seja imperativo que se recorra a instituição especial".

19. A integração de crianças com deficiência deverá fazer parte dos planos nacionais de educação para todos. Mesmo naqueles casos excepcionais em que crianças sejam colocadas em escolas especiais, não é necessário que sua educação seja completamente isolada. Dever-se-á procurar que frequente, em tempo parcial, escolas comuns. Deverão ser tomadas medidas necessárias para conseguir a mesma política integradora de jovens e adultos com necessidades especiais, no ensino secundário e superior, assim como nos programas de formação. Atenção especial deverá ser dada à garantia da igualdade de acesso e oportunidade para meninas e mulheres com deficiências. (Brasil, 2006b, p. 23)

Dessa forma, observamos que já existem políticas públicas direcionadas à inclusão educacional e que há esforços por parte do governo para que essa inclusão educacional realmente aconteça.

2.4.2 Capacitação de profissionais da educação

De acordo com a Resolução CNE/CEB n. 2/2001, em seu art. 18:

> Art. 18. [...]
> § 1º São considerados *professores capacitados* para atuar em classes comuns com alunos que apresentam necessidades educacionais especiais aqueles que comprovem que, em sua formação, de nível médio ou superior, foram incluídos conteúdos sobre educação especial adequados ao desenvolvimento de competências e valores para:
> I – perceber as necessidades educacionais especiais dos alunos e valorizar a educação inclusiva;
> II – flexibilizar a ação pedagógica nas diferentes áreas de conhecimento de modo adequado às necessidades especiais de aprendizagem;
> III – avaliar continuamente a eficácia do processo educativo para o atendimento de necessidades educacionais especiais;
> IV – atuar em equipe, inclusive com professores especializados em educação especial.
> § 2º São considerados *professores especializados em educação especial* aqueles que desenvolvem competências para identificar as necessidades educacionais especiais para definir, implementar, liderar e apoiar a implementação de estratégias de flexibilização, adaptação curricular, procedimentos didáticos pedagógicos e práticas alternativas, adequados aos atendimentos das mesmas, bem como trabalhar em equipe, assistindo o professor de classe comum nas práticas que são necessárias para promover a inclusão dos alunos com necessidades educacionais especiais.
> § 3º Os professores especializados em educação especial deverão comprovar:
> I – formação em curso de licenciatura em educação especial ou em uma de suas áreas, preferencialmente de modo concomitante

e associado à licenciatura para educação infantil ou para os anos iniciais do ensino fundamental;

II – complementação de estudos ou pós-graduação em áreas específicas da educação especial, posterior à licenciatura nas diferentes áreas de conhecimento, para atuação nos anos finais do ensino fundamental e no ensino médio; [...]. (Brasil, 2001d, grifo do original)

Nesse sentido, a capacitação dos professores diz respeito à capacidade de lidar com as diversidades que esses profissionais apresentam. É fundamental, então, a realização de cursos e formação acadêmica voltada à educação especial.

2.4.3 ESCOLAS E TURMAS ESPECIAIS

A diversidade escolar propiciou o surgimentos das classes especiais, que, de acordo com as Diretrizes Nacionais para a Educação Especial na Educação Básica, consistem em:

> uma sala de aula, em escola de ensino regular, em espaço físico e modulação adequada. Neste tipo de sala, o professor da educação especial utiliza métodos, técnicas, procedimentos didáticos e recursos pedagógicos especializados e, quando necessário, equipamentos e materiais didáticos específicos, conforme série/ciclo/etapa da educação básica, para que o aluno tenha acesso ao currículo da base nacional comum.
>
> A classe especial pode ser organizada para atendimento às necessidades educacionais especiais de alunos cegos, de alunos surdos, de alunos que apresentam condutas típicas de síndromes e quadros psicológicos, neurológicos ou psiquiátricos e de alunos que apresentam casos graves de deficiência mental ou múltipla. (Brasil, 2001e, p. 53)

Com base nessa definição, o Quadro 2.4 evidencia seis requisitos essenciais para uma educação escolar de qualidade nas escolas especiais.

Quadro 2.4 – Requisitos para educação escolar de qualidade nas escolas especiais

I	Matrícula e atendimento educacional especializado nas etapas de e modalidades da Educação Básica previstas em lei e no seu regimento escolar.
II	Encaminhamento de alunos para a educação regular, inclusive para a EJA.
III	Parcerias com escolas das redes regulares públicas ou privadas de educação profissional.
IV	Conclusão e certificação de educação escolar, incluindo terminalidade específica para alunos com deficiência mental e múltipla.
V	Professores especializados e equipe técnica de apoio.
VI	Flexibilização e adaptação do currículo previsto na Lei de Diretrizes e Bases da Educação Nacional (LDBEN), nos Referenciais Curriculares Nacionais (RCN) e nos Parâmetros Curriculares Nacionais (PCN).

Fonte: Elaborado com base em Brasil, 2001e, p. 55.

Esses seis requisitos elencados contribuem efetivamente para a qualidade das escolas especiais, quando elas têm profissionais capacitados e dispostos a transmitir a educação a todos os alunos, independentemente de suas especificidades.

Síntese

Neste capítulo, discutimos essencialmente a inclusão educacional, ressaltando aspectos referentes ao entendimento, à importância e às características da inclusão educacional. Além disso, apresentamos algumas formas de promover a inclusão educacional, como a atenção direcionada à educação especial, por exemplo. Nesse sentido, evidenciamos que a busca pela inclusão acarreta grandes desafios, sobretudo para os docentes, que precisam de uma formação continuada. Da mesma maneira, enfatizamos algumas políticas públicas direcionadas à inclusão, enfocando basicamente os princípios norteadores e as legislações específicas para a inclusão educacional. Por fim, vimos como as políticas públicas contribuem para o desenvolvimento de práticas inclusivas, considerando os subsídios governamentais, a capacitação de profissionais da educação e a constituição de escolas e turmas especiais que buscam atender a todos com qualidade, independentemente de os indivíduos terem ou não algum tipo de necessidade especial.

Perguntas e respostas

1. Quais são as competências exigidas para um professor ser considerado capacitado no âmbito da educação especial?

Resposta
De acordo com a Resolução CNE/CEB n. 2/2001, em seu art. 18:

Art. 18. [...]
§ 1º São considerados *professores capacitados* para atuar em classes comuns com alunos que apresentam necessidades educacionais especiais aqueles que comprovem que, em sua formação, de nível médio ou superior, foram incluídos conteúdos sobre educação especial adequados ao desenvolvimento de competências e valores para:
I – perceber as necessidades educacionais especiais dos alunos e valorizar a educação inclusiva;
II – flexibilizar a ação pedagógica nas diferentes áreas de conhecimento de modo adequado às necessidades especiais de aprendizagem;
III – avaliar continuamente a eficácia do processo educativo para o atendimento de necessidades educacionais especiais;
IV – atuar em equipe, inclusive com professores especializados em educação especial. (Brasil, 2001d, grifo do original)

2. Quais foram as principais contribuições da Declaração de Salamanca de 1994?

Resposta

A Declaração de Salamanca, em 1994, foi um fator que contribuiu positivamente para que o governo passasse a olhar com outros olhos as pessoas com necessidades especiais, sobretudo no aspecto educacional, em que se estabeleceram debates acerca de conceitos, indicadores e políticas sociais.

Consultando a legislação

Para aprofundamento dos conteúdos aqui discutidos, consulte a Lei n. 7.853/1989, que dispõe sobre o apoio às pessoas com deficiência, sua integração social, sobre a Coordenadoria Nacional para Integração da Pessoa Portadora de Deficiência (Corde), institui a tutela jurisdicional de interesses coletivos ou difusos dessas pessoas, disciplina a atuação do Ministério Público, define crimes e dá outras providências.

BRASIL. Lei n. 7.853, de 24 de outubro de 1989. **Diário Oficial da União**, Poder Legislativo, Brasília, DF, 25 out. 1989. Disponível em: <http://www.planalto.gov.br/ccivil_03/leis/L7853.htm>. Acesso em: 27 set. 2016.

Indicações culturais

MACHADO, A. Políticas públicas de inclusão escolar para alunos com Síndrome de Down na rede regular de ensino. **Eventos Pedagógicos**, v. 6, n. 2, p. 21-31, jun./jul. 2015. Disponível em: < http://sinop.unemat.br/projetos/revista/index.php/eventos/article/download/1871/1415>. Acesso em: 27 set. 2016.

OLIVEIRA, J. B. G. de. A perspectiva da inclusão escolar da pessoa com deficiência no Brasil: um estudo sobre as políticas públicas. **Revista Tempos e Espaços em Educação**, v. 6, jan./jun., 2011. Disponível em: <http://www.seer.ufs.br/index.php/revtee/article/view/2250/1921>. Acesso em: 27 set. 2016.

PLETSCH, M. D. A dialética da inclusão/exclusão nas políticas educacionais para pessoas com deficiências: um balanço do governo Lula (2003-2010). **Revista Teias**, v. 12, n. 24, p. 39-55, jan./abr., 2011. Disponível em: <http://www.eduinclusivapesq-uerj.pro.br/images/pdf/PLETSCH_Artigosemperiodicos_2011.pdf>. Acesso em: 27 set. 2016.

Atividades de autoavaliação

1. As Diretrizes Nacionais para a Educação Especial na Educação Básica estabelecem três princípios que orientam a educação especial. Assinale a alternativa referente a esses princípios:

    a) Subsídios governamentais, busca de identidade e compromisso social.

    b) Preservação da dignidade humana, busca da identidade e exercício da cidadania.

    c) Preservação da dignidade humana, subsídios governamentais e capacitação social.

    d) Exercício da cidadania, capacitação social e compromisso social.

2. Assinale a alternativa correta com relação ao conceito das classes especiais:

    a) Classe especial é uma sala de aula, em escola de ensino especial, em espaço físico e modulação inadequada. Nesse tipo de sala, o professor da educação especial utiliza métodos, técnicas, procedimentos didáticos e recursos pedagógicos especializados e, quando necessário, equipamentos e materiais didáticos específicos, conforme série/ciclo/etapa da educação básica, para que o aluno tenha acesso ao currículo da base nacional comum.

    b) Classe especial não é uma sala de aula, em escola de ensino regular, em espaço físico e modulação adequada. Nesse tipo de sala, o professor da educação especial não utiliza métodos, técnicas, procedimentos didáticos e recursos pedagógicos especializados, nem equipamentos e materiais didáticos específicos, conforme série/ciclo/etapa da educação básica, para que o aluno tenha acesso ao currículo da base nacional especial.

c) Classe especial é uma sala de aula, em escola de ensino regular, em espaço físico e modulação adequada. Nesse tipo de sala os estagiários da educação especial utilizam métodos, técnicas, procedimentos didáticos e recursos pedagógicos especializados e, quando necessário, equipamentos e materiais didáticos específicos, conforme série/ciclo/etapa da educação básica, para que o aluno não tenha acesso ao currículo da base nacional comum.

d) Classe especial corresponde a uma sala de aula do ensino regular em que há espaço físico adequado. São utilizados métodos, técnicas, procedimentos didáticos e recursos pedagógicos específicos de acordo com o nível da educação básica, de modo que o discente tenha acesso ao currículo da base nacional comum.

3. Assinale a alternativa que apresenta características de uma escola inclusiva:

a) Novos papéis, responsabilidades e inacessibilidade.
b) Parceria com os pais e formas tradicionais de avaliação escolar.
c) Ambientes flexíveis de aprendizagem e parcerias com os pais.
d) Salas inacessíveis e padrão de excelência.

4. O que é inclusão educacional?

5. Quais são os desafios da escola regular para a inclusão educacional? Fundamente sua reposta com base no projeto pedagógico e nas adequações curriculares.

ATIVIDADES DE APRENDIZAGEM

Questões para reflexão

1. De acordo com o manual *Direito à educação: subsídios para a gestão dos sistemas educacionais – orientações gerais e marcos legais*: "As medidas governamentais [...] quando existiam – eram concebidas de maneira apartada em relação às políticas gerais". Reflita e comente sobre essa afirmação.

2. A educação inclusiva pressupõe que as escolas sejam livres de barreiras e que estas possam contribuir para o tratamento justo e igualitário. Apresente algumas recomendações no que tange aos direitos dos alunos na escola inclusiva.

3. Reflita e comente sobre o princípio da preservação da dignidade humana.

4. Sobre a Constituição Federal de 1988, apresente alguns artigos que tratam do dever do Estado com a educação.

5. Apresente os principais obstáculos que as pessoas com necessidades especiais enfrentam ao ingressar no ensino regular.

Diversidade escolar: diferenças e características

A educação de jovens e adultos (EJA) tem uma história longa, desde o início da colonização no Brasil, quando os jesuítas faziam o trabalho de catequização, incluindo o conhecimento básico de ofícios ligados à economia colonial, mas já de forma dividida entre índios e negros e filhos de proprietários. Em 1759, com a expulsão dos jesuítas pelo Marquês de Pombal, a educação do jovem e do adulto passou a ser responsabilidade do Império e se tornou privilégio de elites econômicas, deixando às margens da educação as classes mais abastadas. Assim, demarcou-se o monopólio de conhecimento pelas classes dominantes.

Na visão de Arroyo (2005, p. 221),

> A educação de jovens e adultos – EJA tem sua história muito mais tensa do que a história da educação básica. Nela se cruzaram e cruzam interesses menos consensuais do que na educação da infância e da adolescência, sobretudo quando os jovens e adultos são trabalhadores, pobres, negros, subempregados, oprimidos, excluídos. (Arroyo, 2005, p. 221)

Quando se ouve dizer que a pessoa é "analfabeta", a característica que mais prevalece para esse sujeito é a de *ignorante*, de *incapaz*, entre outros adjetivos pejorativos que não refletem a realidade, pois a pessoa é analfabeta no sentido de *iletrada*, uma vez que foi privada, por algum motivo, da educação escolar dentro da sua faixa etária correta. Sendo assim, necessita buscar o letramento para não se sentir marginalizada ou acusada de contribuir para o subdesenvolvimento do país, entre outros motivos, alguns pessoais.

É relevante notar que os alunos que buscam a EJA pertencem às mesmas camadas sociais, que têm como características predominantes o baixo poder aquisitivo, e ganham apenas o básico para sua sobrevivência. Isso ocorre por diversos fatores, como raça, cultura, religião, diferenças sociais e econômicas, entre outros.

> Ao pensar em responder à seguinte pergunta: O que a escola representa para esses estudantes da EJA? É importante sabermos que essa realidade vivida por esses alunos nos leva à conclusão de que, para eles, a escola representa diferentes perspectivas, passando a ser um espaço de sociabilização, de transformação social e um espaço de construção do conhecimento. Pois a constituição do estado de analfabetismo que começou na infância com a situação socioeconômica cultural da família levou a contribuir para que a frequência na escola por esses estudantes da EJA fosse interrompida ou nunca iniciada no tempo certo da idade de escolaridade. (Fonseca, 2010)

O papel do professor transcende a simples função de transmitir o conhecimento. Esse profissional assume também o papel pedagógico, social e político, razão por que há a necessidade do conhecimento das diversidades em sala de aula para ajudar a entender o comportamento dos alunos. Nesse sentido, atualmente, trabalhar a matemática exige que o profissional, além do domínio de conteúdo, conheça seu público, suas diferenças e suas dificuldades, tanto no sentido de aprendizagem como também no seu acesso à escola, suas disponibilidades, suas dificuldades de interação e socialização. Isso tudo para proporcionar um ensino em que o aprender se torne prazeroso, que instigue a curiosidade e o interesse do aluno, pois uma aula fatigante de matemática pode levá-lo novamente à evasão escolar.

3.1 Diversidades étnico-culturais

Para compreendermos as diversidades, primeiro veremos o que significa *étnico-cultural*. Veja no Quadro 3.1, a seguir, os significados de cada uma das expressões na língua portuguesa.

Quadro 3.1 – Etnia e cultura: significados

Etnia	Cultura
Agrupamento de famílias numa área geográfica cuja unidade assenta numa estrutura familiar, econômica e social comum e numa cultura comum.	6. [Figurado] Aplicação do espírito a (determinado estudo ou trabalho intelectual).

Fonte: Dicionário..., 2008-2013.

O Brasil é um país com uma intensa diversidade étnica. Isso porque, no início de sua colonização, aqui já habitavam os nativos; com a colonização vieram os europeus, com o objetivo de explorar as riquezas aqui existentes; na sequência foram trazidos os negros africanos, e tal diversidade étnica possibilitou a mistura cultural desses povos. Sobre correntes de definição de cultura, podemos observar:

(i) a materialista, que interpreta a cultura através do comportamento, e explica a cultura como a soma dos padrões observáveis de conduta, modo de vida e comportamento de um grupo; (ii) e a definição cognitiva, na qual a cultura de um povo é caracterizada pelas suas ideias, conhecimento e crenças; ambas são igualmente importantes e úteis em diferentes momentos para a abordagem geral do objeto de estudo. (Fetterman, 2010, p. 27, tradução nossa)

A diversidade consiste em uma variedade. Por exemplo, quando reunimos diversos grupos que tenham costumes diferentes, temos uma diversidade de costumes. Os elementos culturais – como estruturas políticas, econômicas, sociais, religiosas, valores e crenças, marginalização, injustiças, qualidade de vida, guerras e conflitos que fazem parte da vida das pessoas – formam a etnia ou os costumes daquele povo.

Segundo Carrano (2005, p. 160): "As dificuldades em lidar com a diversidade parecem algo congênito na constituição da ideia de escolarização. A homogeneidade ainda é muito mais desejável à cultura escolar do que a noção de heterogeneidade, seja ela de faixa etária, de gênero, de classe, de cultura regional ou étnica".

O Brasil é extremamente extenso, dividido em estados, que por sua vez são divididos em municípios, e cada município é composto por povos de diferentes regiões, formando ali sua etnia cultural. Se observarmos as diversidades étnico-culturais do Brasil, as culturas trazidas de outros países, de outras regiões, a junção dessas culturas formando a sua própria etnia, perceberemos que homogeneidade é algo utópico.

3.1.1 A CULTURA AFRODESCENDENTE

Com o advento da Lei Federal n. 10.639, de 9 de janeiro de 2003 (Brasil, 2003a), alterada pela Lei n. 11.645, de 10 de março de 2008, (Brasil, 2008a) foi determinada a obrigatoriedade do ensino da história e cultura afro-brasileira e africana em todas as escolas públicas e particulares, do ensino fundamental até o ensino médio. A Resolução n. 1, de 17 de junho de 2004 (Brasil, 2004), do Conselho Nacional de Educação (CNE) que institui as Diretrizes Nacionais para a Educação das Relações Étnicos Raciais e para o Ensino de História e Cultura Afro-Brasileira e Africana, em seu art. 1º, determina a inclusão também nas instituições de ensino superior (IES).

Segundo o parágrafo 1º do art. 2º da Resolução CNE n. 2004:

> Art. 2 [...]
> § 1º A Educação das Relações Étnico-Raciais tem por objetivo a divulgação e produção de conhecimentos, bem como de atitudes,

posturas e valores que eduquem cidadãos quanto à pluralidade étnico-racial, tornando-os capazes de interagir e de negociar objetivos comuns que garantam, a todos, respeito aos direitos legais e valorização de identidade, na busca da consolidação da democracia brasileira.

§ 2º O Ensino de História e Cultura Afro-Brasileira e Africana tem por objetivo o reconhecimento e valorização da identidade, história e cultura dos afro-brasileiros, bem como a garantia de reconhecimento e igualdade de valorização das raízes africanas da nação brasileira, ao lado das indígenas, europeias, asiáticas. (Brasil, 2004, p. 3)

Essa inserção da obrigatoriedade de ensino em cursos de graduação é, sem dúvida, muito importante para preparar os profissionais em educação, principalmente aqueles que trabalham com jovens e adultos, pois os alunos da EJA, como Arroyo (2006a, p. 24) afirma,

são jovens e adultos com uma história, com uma trajetória social, racial, territorial que tem que ser conhecida, para acertar com projetos que deem conta de sua realidade e de sua condição. Sabemos muito pouco sobre a construção dessa juventude, desses jovens e adultos populares com trajetórias humanas cada vez mais precarizadas.

Assim, o compromisso com a formação humana, a socialização, o conhecimento cultural, entre outros, deve ser a finalidade da EJA.

Os profissionais que estão iniciando a docência devem buscar conhecimentos teóricos para contribuir com tais ensinamentos, e não estar preocupados tão somente com o domínio e o repasse dos conteúdos, a cronometragem do tempo, a disciplina dos alunos, entre outros fatores contrários à aprendizagem, à dificuldade e, principalmente, à socialização de cada aluno.

O professor de matemática – ciência vista como complexa pela maioria das pessoas (muitas chegam a dizer que abandonaram os estudos por causa dela) –, necessita, além do domínio dos conteúdos, da sensibilidade de saber repassar esses conteúdos de forma tranquila; de saber trabalhar essa heterogeneidade de culturas e a socialização dos alunos, para que não disperse o interesse deles pelo aprendizado.

3.1.2 Diversidades religiosas

A educação religiosa deve fazer parte do processo de ensino-aprendizagem da EJA, pois é parte integrante do cotidiano das famílias, independentemente da religião à qual pertençam. A abordagem do tema deve ser em sentido amplo, de forma que contemple todas as religiões e proponha o conhecimento e a integração das diversas formas de religiosidade existentes no meio em que o aluno vive.

> 5. Aprendizagem e educação de adultos são uma resposta vital e necessária aos desafios com os quais somos confrontados. [...] A aprendizagem e educação de adultos não apenas oferecem competências específicas, mas são também um fator essencial na elevação da autoconfiança, da autoestima e de um sólido sentimento de identidade e de apoio mútuo. (Unesco, 2009, p. 17)

Está na Constituição Federal de 1988, em seu art. 5º, inciso VI: "É inviolável a liberdade de consciência e de crença, sendo assegurado o livre exercício dos cultos religiosos e garantida na forma da lei, a proteção aos locais de culto e as suas liturgias" (Brasil, 1988). Também o mesmo art. 5º, inciso VIII, rege: "ninguém será privado de direitos por motivo de crença religiosa [...]" (Brasil, 1988).

A Declaração Universal dos Direitos Humanos também determina sobre a matéria em seu art. 18:

> Art. 18 Todo ser humano tem direito à liberdade de pensamento, consciência e religião; este direito inclui a liberdade de mudar de religião ou crença e a liberdade de manifestar essa religião ou crença, pelo ensino, pela prática, pelo culto e pela observância, isolada ou coletivamente, em público ou em particular. (ONU, 1998, p. 4)

Criar um ambiente de uma sociedade pluralista, independentemente de raça, cor, crença, entre outras diversidades, pode ser utópico, mas, se cada meio social em que vivemos tiver uma pequena participação, estaremos contribuindo para esse pluralismo e fazendo valer os direitos constitucionais que regem a nação brasileira. Como afirmam Heerdt e Coppi (2003, p. 34): "É fundamental que as escolas incentivem os educandos a conhecer a sua própria religião, a ter interesse por outras formas de religiosidade, valorizando cada uma e respeitando a diversidade religiosa, sem nenhum tipo de preconceito".

É claro que não podemos tratar nossos alunos inseridos na EJA como se trata a criança na educação inicial, que recebe a educação religiosa desde o início. O jovem ou o adulto já trazem uma crença ou formação religiosa definida; talvez já tenham passado ou conhecido diversas religiões; talvez já estejam convictos de suas crenças; por isso o trabalho é mais específico de aluno a aluno. Conforme Fonseca (2010, p. 3):

> o que se percebe são profissionais que atuam na formação de alunos de nível fundamental e médio, na maioria das vezes, atuando com alunos da EJA, não sendo possível uma pedagogia determinada para um certo nível de ensino atuar em outro. Sendo, hoje, este o maior problema que a EJA enfrenta nas suas práticas pedagógicas.

O profissional para trabalhar com jovens e adultos deve ter uma visão ampla de toda a classe, a fim de perceber a forma de trabalhar os conteúdos atrelados à heterogeneidade dos alunos, pois o adulto busca, no retorno à escola, o resgate da sua satisfação pessoal, sobretudo vencer os obstáculos da discriminação e da exclusão.

3.1.3 Gênero e sexualidade

O ambiente escolar deve ser um espaço democrático, em que oportunizar discussões sobre questões sociais como gênero e sexualidade possibilitam o desenvolvimento crítico. Para tanto, o professor deve direcionar as discussões de forma que levem o discente a aprofundar seus conhecimentos, partindo da sua capacidade de discernimento entre corpo e sexo.

> Quando a criança nasce, encontrará uma complexa rede de desejos e expectativas para seu futuro, levando-se em consideração para projetá-la o fato de ser um/a menino/menina, ou seja, ser um corpo que tem um/a pênis/vagina. Essas expectativas são estruturadas numa complexa rede de pressuposições sobre comportamentos,

gostos e subjetividades que acabam por antecipar o efeito que supunha causa. (Bento, 2011, p. 550)

É importante reforçar que ainda existe preconceito contra mulheres, negros, indígenas, assim como pela orientação sexual de cada um. A discriminação da mulher, por exemplo, vem desde muito tempo. Apesar de a mulher ter hoje conseguido conquistar mais espaço e, assim, minimizar o problema relacionado ao preconceito, a discriminação ainda existe, podendo ser verificada facilmente pelo que é veiculado nos canais de comunicação sobre a violência contra a mulher, considerada, muitas vezes, o "sexo frágil". Muitas conquistas ocorreram, principalmente a partir da Revolução Industrial, em que a mulher deixou de ser somente "dona de casa" e ocupou lugar nas fábricas.

A proclamação da Declaração Universal dos Direitos Humanos, em 1948, defendeu a igualdade de direitos das pessoas, independentemente de classe social, gênero, raça e etnia e orientação sexual.

> Art. 2º: Todo ser humano tem capacidade para gozar os direitos e as liberdades estabelecidos nesta Declaração, sem distinção de qualquer espécie, seja de raça, cor, sexo, idioma, religião, opinião política ou de outra natureza, origem nacional ou social, riqueza, nascimento, ou qualquer outra condição. 2. Não será também feita nenhuma distinção fundada na condição política, jurídica ou internacional do país ou território a que pertença uma pessoa, quer se trate de um território independente, sob tutela, sem governo próprio, quer sujeito a qualquer outra limitação de soberania. (ONU, 1998, p. 2)

Hoje, verifica-se a grande luta pela erradicação da discriminação sobre a orientação sexual do indivíduo, que sofre violência em todos os sentidos, mesmo que essa violência seja considerada crime.

Os rótulos *menino* e *menina* são os gêneros considerados normais pela sociedade; o transexual* "fere" – ou, podemos dizer, ameaça, para o olhar conservador – esse dito padrão, fazendo surgir, assim, a discriminação, a violência e a guerra constante contra pessoas que, em alguma instância, fogem desse padrão, impedindo-as de usufruir seus direitos.

A ação, dentro do contexto escolar, é complexa, pois a escola é uma grande comunidade em que cada integrante tem opiniões divergentes, dependendo de sua educação familiar e religiosa. Assim, o gênero torna-se assunto polêmico também no contexto educacional, e a escola e o profissional de educação devem estar preparados para discutí-lo.

3.2 Realidade socioeconômica

Com o advento da Lei n. 9.394, de 20 de dezembro de 1996 (Brasil, 1996) – a nova Lei de Diretrizes e Bases da Educação Nacional (LDBEN) –, a EJA passa a ser modalidade da educação básica.

> Art. 37. A educação de jovens e adultos será destinada àqueles que não tiveram acesso ou continuidade de estudos no ensino fundamental e médio na idade própria.
> § 1º Os sistemas de ensino assegurarão gratuitamente aos jovens e aos adultos, que não puderam efetuar os estudos na idade regular, oportunidades educacionais apropriadas, consideradas as características do alunado, seus interesses, condições de vida e de trabalho, mediante cursos e exames.
> § 2º O Poder Público viabilizará e estimulará o acesso e a permanência do trabalhador na escola, mediante ações integradas e complementares entre si. Art. 38. Os sistemas de ensino manterão cursos

---

* "Transexual: Pessoa que possui uma identidade de gênero diferente do sexo biológico. Homens e mulheres transexuais podem manifestar a necessidade de realizar modificações corporais por meio de terapias hormonais e intervenções médico-cirúrgicas, com o intuito de adequar seus atributos físicos (inclusive genitais – cirurgia de redesignação sexual) à sua identidade de gênero. Entretanto, nem todas as pessoas transexuais manifestam esse tipo de necessidade." (São Paulo, 2014, p. 13)

e exames supletivos, que compreenderão a base nacional comum do currículo, habilitando ao prosseguimento de estudos em caráter regular. (Brasil, 1996, p. 16)

A EJA tem como objetivo proporcionar o acesso a um direito do qual o aluno foi marginalizado na faixa etária correta, seja por falhas das políticas educacionais, seja por condições socioeconômicas desfavoráveis.

Conhecer o histórico do aluno significa conhecer sua realidade, suas características, suas dificuldades, o meio e a forma de vida; assim, é possível, traçar o perfil socioeconômico e cultural desse aluno para proporcionar uma forma de ensino voltada à sua realidade e que atenda às suas necessidades.

Além da alfabetização e do conhecimento, o que leva o jovem e o adulto a retornar à escola são alguns direitos. Eis alguns apontados por Arroyo (2006a):

- Direito ao trabalho.
- Direito à dignidade.
- Direito a um futuro um pouco mais amplo.
- Direito à terra.
- Direito à identidade negra ou indígena.

Ao professor da EJA cabe o papel de ser especial no sentido de proporcionar ao aluno o auxílio no resgate desses direitos, sendo necessária, assim, a identificação do perfil de cada um deles. É importante, então, ter o conhecimento de que o aluno pode já ter passado por diversas situações desfavoráveis à sua inserção no meio educacional, principalmente com relação ao preconceito, pelo fato de ter o rótulo de *analfabeto*, que, no sentido torpe da palavra, remete à incapacidade, à ignorância, o que não reflete a realidade.

> O jovem e o adulto analfabeto têm sua imagem formada a partir da identidade construída nesta situação socioeconomicacultural, devido [a] uma vida de pobreza, de trabalho intenso e, [sic] não sentindo nenhuma necessidade de ler e escrever. Esses estudantes tomam

como base os valores e princípios dos grupos dos quais fazem parte e das práticas sociais exercidas nos contextos de sua infância. Mas, ao fazerem parte de um círculo de relacionamento pertencente a uma cultura diferente [daquela à] qual estavam acostumados, seus papéis mudam e sua identidade também. (Fonseca, 2010)

Os alunos da EJA trazem consigo uma experiência de vida sem letramento e agem de acordo com sua intuição ou conhecimento empírico, seus valores adquiridos etc. Assim, podem aplicar alguns conceitos educacionais e culturais, mas não têm o discernimento de relacionar sua prática às teorias; portanto, não se pode dizer que esse aluno é *analfabeto*. Por exemplo: quando ele fala "tenho direito ao trabalho", para ele, o trabalho está no sentido de ir a uma empresa, exercer suas funções, receber seus direitos, mas, muitas vezes, não faz qualquer relação de que o direito do trabalho está relacionado às leis e instituições (CLT – Consolidação das Leis Trabalhistas, Constituição Federal, sindicatos etc.). Ele sabe, por exemplo, que tem direito ao décimo terceiro salário, mas não sabe que isso está previsto na Constituição Federal (Brasil, 1988), por isso é um direito.

Como diz Arroyo (2006a, p. 30-31): "Seus saberes, cultura e vivência são outros, sua lógica, seus conhecimentos da natureza, da cidade ou do campo, da produção do trabalho, o conhecimento de si mesmos e do ser humano, de seu gênero, etnia, raça são outros". Por exemplo: uma costureira que não é letrada sabe que, para confeccionar uma peça de roupa, precisa de certa quantidade de tecido e acessórios, mas ela não relaciona isso com a matemática, com os conceitos de medidas. Essas noções, para ela, são uma abstração.

3.2.1 Diferenças Sociais

As diferenças sociais não abrangem apenas o contexto material. No contexto escolar, abrange também a diversidade de recursos culturais e educacionais. Cada indivíduo, no seu ambiente natural, vive de acordo com as suas possibilidades; portanto, a diferença social está sempre ligada ao lado econômico; porém, é a diferença econômica que dá origem às diferenças sociais. Já a desigualdade nos remete ao contexto de "classe social".

> A diferença pode ser étnica, de gênero, de religião, de nacionalidade, de cultura etc., mas a desigualdade aponta para estruturas mais profundas de interdependência, o que nos obriga a ter presente o conceito de "classe social". Acresce que este tem por trás de si toda uma história, que, evidentemente, não pode ser ignorada. (Estanque, 2009, p. 1)

Famílias e governos em situações econômicas melhores tendem a ter condições culturais e educacionais mais favoráveis, pois conseguem dedicar maiores investimentos na busca do equilíbrio dessas diferenças.

3.2.2 Diferenças econômicas

A diferença econômica é visível no contexto escolar. Alunos com famílias de baixa renda apresentam diversas carências, e essa diferença, conforme já comentamos, acarreta diferenças sociais.

As escolas públicas também carecem de materiais físicos e humanos para proporcionar melhora na qualidade do ensino, pois a distribuição de renda é desigual não só no contexto familiar, mas também no contexto governamental. De acordo com Cupello (1998, p. 151), "as condições socioeconômicas desfavoráveis causam doenças e mais distúrbios de aprendizagem ocasionadas [sic] por má nutrição, carências afetivas, falta de estimulação precoce, pobreza e miséria, podendo o sistema nervoso central ficar comprometido".

Os educadores passam por diversas situações, como a de ver o aluno frequentar a escola apenas com o objetivo de receber determinado incentivo financeiro ou ajuda do governo, pois é daí que depende seu sustento; quando, na realidade, seu objetivo deveria ser o investimento exclusivo na educação. Infelizmente, tal investimento não ocorre devido à grande pobreza que há em nosso país.

3.3 Um olhar na perspectiva do pluralismo

A pluralidade da sociedade brasileira é evidente, pois ocorreu em nosso país uma grande miscigenação racial e cultural, entre vários outros fatores causadores de pluralidade. Esse fator, principalmente por conta da distribuição injusta de renda, leva boa parte da população a ficar à margem dos direitos básicos de cidadania. Na busca pela emancipação de jovens e adultos, faz-se necessário o trabalho educacional envolvendo todas as diversidades encontradas para que o processo educativo tenha efeito. Vejamos o que afirma Fonseca (2010):

> cada vez mais, os professores da EJA têm de lidar com várias situações: a especificidade socioeconômica do seu aluno, a baixa autoestima decorrente das trajetórias de desumanização, a questão geracional, a diversidade cultural, a diversidade étnico-racial, as diferentes perspectivas dos alunos em relação à escola e às questões e dilemas políticos da configuração do campo da EJA como espaço de direito do jovem e do adulto, principalmente, os trabalhadores.

Assim, a escola deve deixar de ser um veículo da cultura dominante para acolher a diversidade em que os alunos estão inseridos. Por isso, reforçamos o quão importante é que o profissional da EJA conheça o perfil dos seus alunos, pois eles já trazem conhecimentos empíricos adquiridos no decorrer da sua vida.

> As escolas de formação de educadores e educadoras de jovens e adultos terão de captar e incorporar os traços desse perfil rico de educador múltiplo, multifacetado. Esse educador era militante, ensinava a ler, ensinava a escrever, mas ia além do somente alfabetizar, ele não cabia no esquema escolar de alfabetizador. (Arroyo, 2006a, p. 20)

Arroyo (2006a, p. 2) ressalta ainda que, quando se fala em currículo de formação de educadores para a EJA, não se pode deixar de lado a história desses educadores: "Temos de nos esforçar para captar essas pluralidades, temos de incorporar essas fronteiras, esses métodos, todos esses processos nos quais esse educador se formou".

3.3.1 Homem: um ser social

Desde o início da humanidade, os povos sempre viveram em grupos, e não isoladamente. Aristóteles já afirmava que o homem, para viver isolado, "só se for um bruto ou um Deus".

> Onde quer que se observe o homem, seja qual for a época e por mais rude e selvagem que possa ser na sua origem, ele sempre é encontrado em estado de convivência com os outros. De fato, desde o seu primeiro aparecimento sobre a Terra, surge em grupos sociais, inicialmente pequenos (a família, o clã, a tribo) e depois maiores (a aldeia, a cidade, o estado). (Betioli, 2008, p. 3)

O homem já nasce em grupo. O grupo familiar é a primeira sociedade em que está inserido, ou seja, desde o nascimento ele já tem a dependência do grupo social, e é nessa sociedade que aprende a socialização. Isso ocorre primeiramente num pequeno grupo, que é a família; em seguida vem a necessidade de agrupar-se tanto para atender às necessidades materiais, culturais e sociais quanto para atingir os objetivos pretendidos – o que faz do homem um ser extremamente social. Extremamente porque o homem não vive só, e a sociedade depende dessa vinculação.

A socialização do homem é complexa, porém necessária. *Complexa* devido às divergências da infinidade de sentimentos e reações advindas da mente humana, às vezes, muito difícil de entender ou aceitar; *necessária* porque as pessoas precisam dessas relações, pois não vivem isoladamente. Há diversas formas sociais, como família, amigos, trabalho, escolas, igrejas, associações, enfim, uma infinidade de grupos sociais com objetivos comuns, porém com uma diversidade de maneira de pensamentos, ações, reações, comportamentos, opiniões etc. É daí que surge a complexidade.

> Somos sociais não apenas porque dependemos de outros para viver, mas porque os outros influenciam na maneira como convivemos com nós mesmos e com aquilo que fazemos. [...] O homem é um ser social, e o homem é um ser consciente. Quanto maior a consciência, maior a qualidade do convívio social. E a consciência significa uma visão clara do mundo circundante complementada por uma

análise lúcida de sua relação com esse mundo. Quanto maior a lucidez, maior e melhor sua relação com o semelhante, seja o irmão, o colega, o cliente, o estranho. (Mussak, 2011)

Para conviver em sociedade, o primeiro passo é a união e o relacionamento entre os indivíduos, na busca de atender às suas necessidades e atingir os objetivos pretendidos. O homem busca viver e conviver com seus grupos semelhantes, e para isso são necessárias a vinculação e a adequação aos grupos sociais e, consequentemente, a relação com os indivíduos inseridos na sociedade.

A vida em sociedade traz evidentes benefícios ao homem, mas, por outro lado, favorece a criação de uma série de limitações que, em certos momentos e em determinados lugares, são de tal modo numerosas e frequentes que chegam a afetar seriamente a própria liberdade humana. E, apesar disso, o homem continua vivendo em sociedade. Como se explica este fato? (Dallari, 2009, p. 9)

Para que uma sociedade exista, é necessário um grupo humano organizado com o propósito de alcançar uma meta. Para isso, são imprescindíveis a organização permanente e um objetivo.

3.3.2 Importância da integração na vida escolar

Integração, no sentido que nos interessa aqui, refere-se à adaptação do aluno no contexto escolar. O aluno bem adaptado ao seu ambiente tende a apresentar resultados mais satisfatórios. A integração é importante tanto no sentido ambiental quanto no sentido de relações sociais.

Não devemos chamar o povo à escola para receber instruções, postulados, receitas, ameaças, repreensões e punições, mas para participar coletivamente da construção de um saber que vai além do saber de pura experiência feito, que leve em conta as suas necessidades e o torne instrumento de luta, possibilitando-lhe transformar-se em sujeito de sua própria história. [...] A escola deve ser também um centro irradiador da cultura popular, à disposição da comunidade [...] um centro de debate de ideias, soluções, reflexões, onde a organização popular vai sistematizando sua própria experiência. A escola não é só um espaço físico. É um clima de trabalho, uma postura, um modo de ser. (Freire, 1991, p. 16)

Muitas vezes, o aluno, ao ingressar na escola, apresenta dificuldades de adequação e adaptação, o que acarreta em *déficits* de aprendizagem, podendo ser decorrentes de desajustes na família. Em casos assim, a escola exerce o papel de mediadora, com o intuito de auxiliar nas mudanças comportamentais e proporcionar o equilíbrio necessário.

O objetivo da integração, no sentido sociológico, é trazer o indivíduo ou grupo social para grupos cada vez maiores, pois quanto maior for a integração dentro da sociedade, maior será sua estabilidade social na comunidade. Nesse sentido, faz-se necessária a organização de uma política para a integração de todos que pertençam à comunidade.

A construção de uma escola democrática não deve ser impositiva, na qual as regras são ditadas e cumpridas simplesmente. Ela transcende isso, pois não existem escolas uniformes; é necessário pensar em escolas plurais, adequadas dentro do seu contexto ambiental, englobando todos que a ela pertencem – professores, alunos, famílias, administradores etc.

Síntese

Neste capítulo, expusemos as diversidades que surgem na educação escolar, como as diferenças cultural, étnica e socioeconômica no meio educacional, por exemplo. Objetivamos mostrar de forma sucinta que o Brasil, pela sua extensão territorial, apresenta diversas formas de conceber essas diferenças, e cabe à educação encontrar o meio de adequá-las, de forma que o aluno se sinta acolhido no ambiente educacional. No que diz respeito à diversidade étnico-cultural, verificamos a cultura afrodescendente, a diversidade religiosa e a diversidade de gênero e sexualidade. No contexto socioeconômico, a abordagem foi de forma a esclarecer as diferenças sociais e as diferenças econômicas. E, sob a perspectiva do pluralismo, podemos ver o homem como um ser social, assim como a importância da integração dele na vida escolar. Dessa forma, os diversos assuntos abordados integram o conhecimento de uma parte do que é composto o cenário brasileiro no que tange às diversidades, para que possa ser entendida a importância de pensar a educação de forma adequada ao ambiente em que o aluno está inserido.

Perguntas e respostas

1. Descreva uma situação constrangedora em que a diversidade pode se manifestar dentro de uma sala de aula.

Resposta

Uma situação constrangedora seria um aluno se recusar a fazer determinada tarefa porque esta foge dos seus ensinamentos religiosos ou porque tenha preconceito de gênero. Por exemplo: o aluno não estuda no sábado porque a religião dele não permite; ou um aluno menino não quer fazer atividade com uma aluna menina. São essas, entre outras diversas situações que aparecem no cotidiano escolar, aquelas para as quais o professor deve ter uma postura adequada, com o fim de resolver o conflito.

2. Conceitue a diversidade cultural.

Resposta

São as diferenças que existem entre os seres humanos. Essas diferenças podem ser referentes à linguagem, à religião, à raça e ao gênero, entre outras tradições, conforme a organização da sociedade.

Consultando a legislação

A Resolução n. 1, de 17 de junho de 2004, elaborada pelo CNE, refere--se à obrigatoriedade de inserção das disciplinas nos cursos de graduação, como temas transversais.

BRASIL. Ministério da Educação. Conselho Nacional de Educação. Resolução n. 1, de 17 de junho de 2004. **Diário Oficial da União**, Brasília, DF, 22 jun. 2004. Disponível em: <http://portal.mec.gov.br/cne/arquivos/pdf/res012004.pdf>. Acesso em: 28 set. 2016.

Indicações culturais

Sugerimos a leitura do livro a seguir, por ser um material que aprofunda o conhecimento, leva ao questionamento e à reflexão da posição, em diversas óticas, sobre a EJA. Ressaltamos que essa obra foi utilizada no desenvolvimento deste capítulo, por isso a leitura vai auxiliá-lo em qualquer dúvida que possa surgir ao ler este capítulo.

BENTO, B. A. M. **A reinvenção do corpo**: sexualidade e gênero na experiência transexual. Rio de Janeiro: Garamond, 2006.

Quando se trata de discussão de gênero, por vezes nos deparamos com termos ainda desconhecidos e que podem causar confusões. Por isso indicamos a cartilha a seguir, que apresenta diversas definições simples e didáticas para ajudá-lo a adentrar a discussão de gênero.

SÃO PAULO. Governo do Estado. Secretaria da Justiça e da Defesa da Cidadania. **Diversidade sexual e cidadania LGBT**. Coordenação de políticas para a diversidade sexual. São Paulo: SJDC/SP, 2014. Disponível em: <http://www.recursoshumanos.sp.gov.br/lgbt/cartilha_diversidade.pdf>. Acesso em 3 out. 2016.

Atividades de autoavaliação

1. Além da alfabetização e do conhecimento, o que leva o jovem e o adulto a retornarem à escola, de acordo com Arroyo (2006a)? Analise as proposições a seguir e, depois, marque a alternativa que apresenta a resposta correta:

   (1) Direito ao trabalho.
   (2) Direito à dignidade.
   (3) Direito à liberdade.
   (4) Direito à terra.
   (5) Direito à liberdade de expressão.

a) 1 – 2 – 3 – 4 – 5
b) 2 – 3 – 4 – 5.
c) 1 – 2 – 4.
d) 3 – 4 – 5.

2. Estruturas políticas, econômicas, sociais e religiosas, valores e crenças, marginalização, injustiças, qualidade de vida, guerras e conflitos fazem parte da vida das pessoas. Esses itens se referem a:

a) elementos culturais.
b) etnias culturais.
c) diversidades culturais.
d) dificuldades culturais.

3. O objetivo da integração, no sentido sociológico, é trazer o indivíduo ou grupo social para grupos cada vez maiores. Por quê?

a) Quanto maior for a integração dentro da sociedade, menor será sua estabilidade social na comunidade.
b) Quanto menor for a integração dentro da sociedade, maior será sua estabilidade social na comunidade.
c) Quanto menor for a integração dentro da sociedade, menor será sua estabilidade social na comunidade.
d) Quanto maior for a integração dentro da sociedade, maior será sua estabilidade social na comunidade.

4. Disserte sobre as diferenças sociais *versus* as diferenças econômicas.

5. Disserte sobre as realidades socioeconômicas no contexto da EJA.

Atividades de aprendizagem

Questões para reflexão

1. O que se entende por *relativismo cultural* no estudo da cultura?

2. Diante das diversidades culturais apresentadas neste capítulo, como você vê a cultura?

3. Que característica comum apresenta o aluno inserido na EJA?

4. Qual é a proposta da Lei n. 10.639/2003?

5. Imagine que você trabalhe em uma escola que cumpre o papel social e deve apresentar um planejamento que combata as práticas de discriminação. Como deve ser esse planejamento?

Estratégias de Ensino para Inclusão Educacional

Na educação, o papel do Estado é garantir o ensino de forma adequada a todos, cumprindo assim os preceitos legais constitucionais e colaborando com a escola na implementação de subsídios, para que ela possa também cumprir o seu papel no desenvolvimento de estratégias para a educação com êxito e para todos, inclusive aqueles que apresentam desvantagens, mas têm os mesmos direitos educacionais, o mesmo direito à igualdade de oportunidades e à participação efetiva na sociedade.

As leis devem ser as diretrizes que garantem aos indivíduos que compõem a sociedade a segurança, o direito e a igualdade de todos, principalmente. É por meio delas que se busca fazer valer os direitos, no sentido de incluir as diferenças, pois a escola é o meio social que melhor apresenta a pluralidade e a diversidade humana.

O Quadro 4.1 apresenta os principais documentos legais que regem a inclusão educacional em vigor.

Quadro 4.1 – Resumo da Legislação

CONSTITUIÇÃO FEDERAL	
1988	Art. 208 [...] I – garante a educação básica obrigatória e gratuita dos quatro aos 17 anos de idade, assegurada inclusive sua oferta gratuita para todos os que a ela não tiveram acesso na idade própria; [...] III – Atendimento educacional especializado aos portadores de deficiência, preferencialmente na rede regular de ensino.
1989	Lei n. 7.853, de 24 de outubro de 1989 – Dispõe sobre o apoio às pessoas portadoras de deficiência, sua integração social, sobre a Coordenadoria Nacional para Integração da Pessoa Portadora de Deficiência (Corde), institui a tutela jurisdicional de interesses coletivos ou difusos dessas pessoas, disciplina a atuação do Ministério Público, define crimes e dá outras providências.
DECLARAÇÃO MUNDIAL SOBRE EDUCAÇÃO PARA TODOS – ORGANIZAÇÃO DAS NAÇÕES UNIDAS PARA A EDUCAÇÃO, A CIÊNCIA E A CULTURA (UNESCO)	
1990	Art. 1º – Satisfazer as necessidades básicas de aprendizagem 1. Cada pessoa – criança, jovem ou adulto – deve estar em condições de aproveitar as oportunidades educativas voltadas para satisfazer suas necessidades básicas de aprendizagem.
ESTATUTO DA CRIANÇA E DO ADOLESCENTE (ECA)	
1990	Lei n. 8.069, de 13 de julho de 1990 – Dispõe sobre a proteção integral à criança e ao adolescente. Art. 54 É dever do estado assegurar à criança e ao adolescente: [...] III – atendimento educacional especializado aos portadores de deficiência, preferencialmente na rede regular de ensino.
DECLARAÇÃO DE SALAMANCA – ESPANHA – 1994	
1994	1. Nós, os delegados da Conferência Mundial de Educação Especial, representando 88 governos e 25 organizações internacionais em assembleia aqui em Salamanca, Espanha, entre 7 e 10 de junho de 1994, reafirmamos o nosso compromisso para com a Educação para Todos, reconhecendo a necessidade e urgência do providenciamento de educação para as crianças, jovens e adultos com necessidades educacionais especiais dentro do sistema regular de ensino e reendossamos a Estrutura de Ação em Educação Especial, em que, pelo espírito de cujas provisões e recomendações governo e organizações sejam guiados.

(continua)

(Quadro 4.1 – conclusão)

LEIS DAS DIRETRIZES BÁSICAS DA EDUCAÇÃO NACIONAL (LDBEN)	
1996	Lei n. 9.394, de 20 de dezembro de 1996, alterada pela Lei n. 12.796, de 4 de abril de 2013. Art. 4º [...] III – atendimento educacional especializado gratuito aos educandos com deficiência, transtornos globais do desenvolvimento e altas habilidades ou superdotação, transversal a todos os níveis, etapas e modalidades, preferencialmente na rede regular de ensino; IV – acesso público e gratuito aos ensinos fundamental e médio para todos os que não os concluíram na idade própria; [...] VII – oferta de educação escolar regular para jovens e adultos, com características e modalidades adequadas às suas necessidades e disponibilidades, garantindo-se aos que forem trabalhadores as condições de acesso e permanência na escola.
PARECER N. 11/2000, DO CONSELHO NACIONAL DE EDUCAÇÃO (CNE) E DA CÂMARA DE EDUCAÇÃO BÁSICA (CEB) – HOMOLOGADO	
2000	A superação da discriminação de idade diante dos itinerários escolares é uma possibilidade para que a EJA mostre plenamente seu potencial de educação permanente relativa ao desenvolvimento da pessoa humana face à ética, à estética, à constituição de identidade, de si e do outro e ao direito ao saber.
DECRETO N. 3.956, DE 8 DE OUTUBRO DE 2001	
2001	Promulga a Convenção Interamericana para a Eliminação de Todas as Formas de Discriminação contra as Pessoas Portadoras de Deficiência.
DECRETO LEGISLATIVO N. 186/2008	
2008	Regulamenta o parágrafo 3º do art. 5º da Constituição Federal o texto da Convenção sobre os Direitos das Pessoas com Deficiência e de seu Protocolo Facultativo, assinados em Nova Iorque, em 30 de março de 2007.

Fonte: Elaborado com base em Saraiva, 2011.

Esse quadro constitui uma síntese das leis que regem a educação, especificando a educação de jovens e adultos (EJA) e também a educação para pessoas com qualquer tipo de deficiência, os quais devem ser inseridos no processo de inclusão educacional.

A Declaração de Salamanca é uma resolução das Nações Unidas que trata dos princípios, das política, e da prática em educação especial. A seguir, apresentamos um trecho dessa declaração:

> 2. Acreditamos e proclamamos que:
> - cada criança tem o direito fundamental à educação e deve ter a oportunidade de conseguir e manter um nível aceitável de aprendizagem,
> - cada criança tem características, interesses, capacidades e necessidades de aprendizagem que lhe são próprias,
> - os sistemas de educação devem ser planeados e os programas educativos implementados tendo em vista a vasta diversidade destas características e necessidades,
> - as crianças e jovens com necessidades educativas especiais devem ter acesso às escolas regulares, que a elas se devem adequar através duma pedagogia centrada na criança, capaz de ir ao encontro destas necessidades,
> - as escolas regulares, seguindo esta orientação inclusiva, constituem os meios mais capazes para combater as atitudes discriminatórias, criando comunidades abertas e solidárias, construindo uma sociedade inclusiva e atingindo a educação para todos; além disso, proporcionam uma educação adequada à maioria das crianças e promovem a eficiência, numa óptima relação custo-qualidade, de todo o sistema educativo. (Unesco, 1994, p. 2)

Assim, o atendimento à população com suas diversidades, inclusive de alunos com deficiência, é parte integrante da educação inclusiva, não só por obedecer aos dispositivos legais, mas também pela conscientização e pela educação de cada indivíduo em relação à necessidade de integração, com o intuito de erradicar todas as formas de preconceitos e discriminação.

A EJA também é uma forma de inclusão do indivíduo na escola, segundo um dos trechos do Parecer CNE/CEB n. 11, de 10 de maio de 2000, e que nos leva à seguinte afirmação:

A rigor, as unidades educacionais da EJA devem construir, em suas atividades, sua identidade como expressão de uma cultura própria que considere as necessidades de seus alunos e seja incentivadora das potencialidades dos que as procuram. Tais unidades educacionais da EJA devem promover a autonomia do jovem e adultos de modo que eles sejam sujeitos do aprender a aprender em níveis crescentes de apropriação do mundo do fazer, do conhecer, do agir e do conviver. (Brasil, 2000b, p. 35)

Proporcionar condições iguais na aquisição do conhecimento e também colocar o jovem ou o adulto na condição de atuante e capaz, promovendo sua satisfação pessoal, é uma forma de incluí-lo na sociedade.

4.1 Introduzindo as estratégias de inclusão

A estratégia consiste em um mecanismo para atingir um objetivo. Logo, a estratégia de inclusão é a forma de articular a inserção do aluno dentro do ensino regular. Para tanto, é necessário o envolvimento de profissionais e entidades de outras áreas, como saúde, assistência social, além das famílias, das organizações de apoio, da comunidade etc.

Estratégia de inclusão educacional refere-se à forma para trazer e manter o aluno no contexto escolar, pois a educação é uma condição necessária para que o jovem ou o adulto seja capaz de enfrentar os desafios impostos na vida cotidiana e de intervir sobre eles. Assim, os profissionais da área educacional encontram em sua trajetória o desafio de propor estratégias para que a inclusão se torne realidade, pois existem diversas barreiras nesse caminho, e é necessário ter a perspicácia de transformar essas barreiras num desafio para a inclusão educacional.

Porém, a estratégia de inclusão da EJA exige a prática pedagógica, pois, como o professor é o articulador do aprendizado, ele deve estar preparado para o processo de acolhimento do aluno e seu encaminhamento para o aprendizado. Saber lidar com situações que envolvem motivação, atitudes, valores, entre outras formas de conduta que o aluno apresenta, é primordial para que o profissional da educação obtenha bons resultados.

O profissional deve colher o máximo de informações de cada aluno, para poder diagnosticar a origem e as consequências do problema vivido, e, assim, encontrar a forma mais adequada para o ensino. As informações relevantes são a origem dos problemas, suas caraterísticas, o comportamento do aluno diante desses problemas, o papel da família, o contexto social e cultural em que ele está inserido e a influência da escolarização.

Introduzir formas de aprendizagem adequadas já não é uma tarefa fácil, imagine então trabalhar com um público que apresenta diversidade de necessidades especiais, pois, quando se fala em necessidade especial, não se refere apenas aos alunos com alguma deficiência física, mas também àqueles com déficit de aprendizagem, desvio de comportamento, deficiência visual e auditiva, autismo; enfim, todas as formas de deficiências.

No que se refere à EJA, o problema se torna ainda maior, pois, conforme já comentamos, o jovem e o adulto voltam à escola com sentimento de marginalização da sociedade devido à sua condição de não ter estudado na época considerada correta.

Como exemplo de introdução de estratégias, podemos citar Paulo Freire, que criou o método de ensino de alfabetização em 40 horas-aula, com o qual alfabetizou 300 pessoas. Vejamos uma pequena descrição do método:

> Ele propôs um método simples, de relacionar o aprendizado da escrita com a leitura do mundo. Ao mesmo tempo que o sujeito aprendia as letras, ele aprendia a leitura do mundo. Para que aprendizagem faça sentido, o educando precisa se reconhecer como sujeito. Ele fazia antes o adulto se ver como um sujeito produtor, perceber que ele tinha conhecimento e que só faltava essa ferramenta do conhecimento letrado para ele conseguir transformar essa situação. (Paulo..., 2013)

Percebemos, então, que a relação entre professor e aluno não envolve apenas o processo de ensino-aprendizagem, mas também o processo de socialização, pois é nesse processo que o caminho correto para a aprendizagem efetiva pode ser encontrado.

4.1.1 O QUE SÃO ESTRATÉGIAS DE INCLUSÃO EDUCACIONAL?

Para ilustrar o que é uma estratégia de ensino, citamos a experiência de Paulo Freire, considerando-a como uma introdução à estratégia de inclusão, pois vemos a EJA como uma forma de inclusão, uma vez que, no decorrer de nossos estudos, percebemos que essa modalidade de ensino busca trazer o aluno para a sociedade alfabetizada, permitindo-lhe transpor seus medos, suas barreiras e o sentimento de marginalização da sociedade por sua condição.

A seleção de conteúdos é uma estratégia de inclusão educacional, pois, ao diagnosticar o aluno por meio das informações colhidas a seu respeito, o professor sabe em que grau de conhecimento o aluno se encontra, podendo, assim, selecionar conteúdos que despertem seu interesse, tornando o aprendizado mais agradável. Na visão de Durante (1998, p. 58):

> A seleção dos conteúdos deve considerar o conhecimento que o educando traz (conhecimento de mundo, cultura, ideologia, práticas discursivas) para que a aprendizagem seja significativa. Não se pode limitar a seleção de conteúdos, mas selecionar conteúdos da cultura letrada significativos para o processo de desenvolvimento e aprendizagem, não impondo padrões e conceitos da cultura letrada, mas propiciando que os educandos possam pasticipar da cultura letrada, formulando e reformulando valores, conceitos e atitudes.

Na EJA, os conteúdos devem ser muito bem pensados para sua alocação no momento adequado, principalmente nos primeiros meses de aula, pois é a fase em que o aluno repensa sua permanência ou a desistência da escola, já que muitos têm a expectativa de encontrar a mesma escola que outrora deixaram, mas também têm outra visão devido às experiências vividas fora da escola. A conciliação da escola com outros afazeres da vida, como trabalho e família, é bastante árdua, e a dificuldade dos conteúdos pode levar os alunos ao caminho mais fácil, que é a desistência; por isso, é preciso ajudá-los nessa conciliação, estimulando-os e levando-os à percepção da importância da continuidade do estudo.

4.1.2 Apresentação de estratégias de inclusão educacional

O profissional da educação, na educação inclusiva, tem grandes desafios a enfrentar, pois a escola recebe todos os alunos da comunidade, independentemente de sua condição física, ou seja, inclusive crianças que apresentem algum tipo de deficiência. Muitas vezes, para resolver alguma deficiência na condição oferecida pela escola, o professor é quem promove a estratégia de suprir essa necessidade, adequando outras formas e métodos para alcançar um bom resultado no atendimento, além de propor estratégias de socialização com os demais alunos da classe, tornando o ensino mais interativo para que todos tenham condições de participação plena. Assim, é o professor que constantemente estará à frente de resolver ou adequar todas essas situações, razão por que sua preparação como profissional precisa contar com o apoio permanente de formação e, além disso, ele deve ser preparado para a prática do ensino cooperativo.

> Quase que a totalidade das ações humanas exige algum tipo de conhecimento, às vezes superficial, outras vezes aprofundado, oriundo da experiência pessoal, do senso comum, da cultura partilhada em um círculo de especialistas ou da pesquisa tecnológica ou científica. Quanto mais complexas, abstratas, mediatizadas por tecnologias, apoiadas em modelos sistêmicos da realidade forem consideradas as ações, mais conhecimentos aprofundados, avançados, organizados e confiáveis elas exigem. (Perrenoud, 1999, p. 2)

As estratégias empregadas pelo professor devem ser o ponto de partida para a consecução dos objetivos da inclusão educacional, pois são essas estratégias que estimularão tanto o aluno quanto a família em relação à crença de que é possível a eficiência da participação de todos. Existem diversos tipos de estratégias já experimentadas, mas cada escola ou classe deve adaptar a melhor forma de acordo com os alunos que se apresentam, as condições que a escola oferece e o engajamento da família e da comunidade no assessoramento.

4.1.3 Alunos com necessidades especiais: uma reflexão

A LDBEN, em seu art. 58, entende a educação especial como uma modalidade de educação escolar oferecida preferencialmente na rede regular de ensino para educandos com necessidades especiais (Brasil, 1996). Apesar da existência da legislação que impõe a educação inclusiva, ainda exige sobremaneira uma luta pela equiparação, seja no contexto de ambiente adequado, seja no preconceito pela condição de necessidade especial.

Buscar formas de erradicar a segregação de alunos com necessidades especiais e, dessa forma, contribuir para a diminuição do preconceito por meio do convívio desses alunos com os outros deve ser uma preocupação constante do governo, da sociedade, da escola, dos gestores e, principalmente, dos professores, que têm a função de apagar a ideia de *deficiência* como sinônimo de *incapacidade*, *falta* ou *defeito* – definições pejorativas que rotulam o aluno como fora dos padrões de normalidade.

A prática pedagógica a ser aplicada também deve estar aliada às condições do ambiente físico disponível, um desafio que os professores enfrentam no seu dia a dia, pois a efetiva participação de todos depende de seleção, adequação, adaptação e utilização dos recursos materiais disponíveis para a consecução dos objetivos propostos. Quando nos referimos ao ambiente físico disponível, não estamos nos referindo a ambientes segregados (rotulados) para esses alunos, mas a um ambiente adequado a todos os alunos.

Assim, ao profissional da educação (gestor), cabe instituir ações que garantam e permitam o acesso na escola, e ao professor, cabe a responsabilidade e a habilidade de fazer com que o aluno se sinta acolhido e permaneça no ensino regular. Na visão de Ambrosetti (1999, p. 103):

> Trabalhar com a diversidade não é, portanto, ignorar as diferenças ou impedir o exercício da individualidade, mas favorecer o diálogo, dar espaço para a expressão de cada um e para a participação de todos na construção de um coletivo apoiado no conhecimento mútuo, na cooperação e na solidariedade.

Os diálogos entre alunos e professores, a construção de dinâmicas em que o aluno tenha a liberdade e a condição de perceber sozinho o que está ou não a seu alcance ou, mesmo, a negociação entre eles para que o trabalho seja benfeito é de fundamental importância para que o aluno seja estimulado a permanecer efetivamente no grupo escolar, pois, ainda segundo Ambrosetti (1999, p. 89), dessa forma constrói-se um "compromisso coletivo que articula e dá sentido às atividades cotidianas".

Podemos perceber, assim, que a escola passou de um público homogeneizado, em que se concentravam alunos com as mesmas condições físicas e intelectuais, para um público mais pluralista, no qual há concentração de alunos com e sem necessidades especiais, o que já representa um grande avanço para a inclusão educacional, mas que ainda enfrenta grandes desafios pela frente na conquista efetiva da aceitação das diversidades encontradas.

4.2 Discutindo as estratégias de inclusão educacional

Uma escola realmente inclusiva deve ser especial e diversa, pois, independentemente de raça, cor, sexo, situação econômica ou social e de necessidades especiais, ela acolhe o aluno de forma que a equidade esteja presente entre todos, proporcionando práticas em que a inclusão seja é possível e as diferenças sejam apenas detalhes, e não obstáculos. Sendo assim, a educação especial deixa de ser paralela e passa a ser inclusiva, por adotar medidas para a adequação de todos, sem distinção. Vejamos o que diz Henriques (2016, p. 9):

> Escola inclusiva é aquela que garante a qualidade de ensino a cada um de seus alunos, reconhecendo e respeitando a diversidade e respondendo a cada um de acordo com suas potencialidades e necessidades. Uma escola somente poderá ser considerada inclusiva quando estiver organizada para favorecer a cada aluno, independentemente de etnia, sexo, idade, deficiência, condição social ou qualquer outra situação. Um ensino significativo é aquele que garante o

acesso ao conjunto sistematizado de conhecimentos como recursos a serem mobilizados.

Cabe ao professor a criatividade e a inovação para a qualidade do ensino que possa aportar essa educação inclusiva, pois ela só será efetivada se houver comprometimento no desenvolvimento de práticas, políticas e ações culturais – fatores imprescindíveis para a adoção da educação inclusiva e que levarão ao aluno o respeito às diferenças e também contribuirão para uma aprendizagem compartilhada, marginalizando o preconceito e trazendo para o convívio o ambiente sociocultural dos alunos. Portanto, o professor, ao pensar em educação inclusiva, deve adotar práticas para oportunizar a aprendizagem cooperativa.

> Criar uma sala de aula inclusiva é um desafio. Os professores devem criar ambientes de aprendizagem que valorizem a criatividade, o potencial individual, as interacções sociais, o trabalho cooperativo, a experimentação e a inovação. Além do mais, é essencial o suporte que os professores podem receber, a vários níveis, dentro e fora da escola. (Iris, 2009, p. 3)

A escola inclusiva garante a excelência no acesso e na permanência do aluno. Os aspectos estruturais são relevantes, mas também é imprescindível a formação do profissional preparado para essa orientação. Essa percepção ocorre quando há mudanças físicas e atitudinais, além de espaço para debates, troca de experiências e formação continuada para professores atuarem na educação inclusiva.

O Projeto Iris (2009), com base no relatório da Agência Europeia para o Desenvolvimento em Necessidades Educativas Especiais (2003), identificou os fatores determinantes para a prática inclusiva, quais sejam:

a) Ensino Cooperativo

b) Aprendizagem Cooperativa

c) Resolução de problemas colaborativa

d) Grupos heterogéneos

e) Ensino efectivo

Veremos, a seguir, cada um desses fatores mais longamente.

Ensino cooperativo

Os profissionais que participam do ensino cooperativo, ou ***coensino*** – professor, terapeuta, educador especial, assistente social, entre outros – trabalham em conjunto em prol do desenvolvimento de grupos de alunos que apresentam diversidades – ou seja, são heterogêneos, apresentando diferenças raciais, de sexo, de nível socioeconômico, de nível intelectual ou de necessidades especiais –, mas que têm o mesmo objetivo, que é a aprendizagem.

O ensino cooperativo acontece pela cooperação entre os pares, ou seja, mediante a interação dos envolvidos no processo. As condições necessárias para que haja essa colaboração são as seguintes:

- objetivo comum;
- participação de todos;
- responsabilidades divididas;
- recursos divididos;
- voluntariedade.

Nesse sentido, o ensino cooperativo é consequência de trabalhos colaborativos de diversos profissionais, que devem demonstrar responsabilidade, compromisso, integração, flexibilidade, apoio, respeito mútuo, dedicação etc. para o alcance dos objetivos.

Aprendizagem cooperativa

A aprendizagem cooperativa é o resultado do ensino cooperativo. A junção dos profissionais no ensino cooperativo tem importante papel na aprendizagem cooperativa.

Segundo Wood (2009), são oito os componentes do coensino que contribuem para a aprendizagem cooperativa, os quais podemos observar no quadro a seguir.

Quadro 4.2 – Aprendizagem cooperativa

COMPONENTES DO COENSINO	ATRIBUTOS
COMUNICAÇÃO INTERPESSOAL	Maior uso de comunicação não verbal entre educadores/professores.
DIVISÃO FÍSICA	Compartilhar espaço e material, além de acréscimo de aulas a todo o grupo pelos educadores/professores.
FAMILIARIDADE COM O CURRÍCULO	Valorização e apreciação das suas próprias competências e de outro colega por parte do educador/professor.
OBJETIVOS CURRICULARES E MODIFICAÇÕES	Os educadores/professores começam a ver o plano geral dos conceitos ensinados.
PLANEJAMENTO DA INSTRUÇÃO	Começa a transparecer a continuidade do planejamento dentro e fora da sala de aula.
APRESENTAÇÃO DA INSTRUÇÃO	Os educadores/professores apresentam as instruções e estruturam as atividades de aprendizagem.
GESTÃO DA SALA DE AULA	Os educadores/professores envolvem-se no desenvolvimento e na implementação de regras e rotinas na sala de aula.
AVALIAÇÃO	Os educadores/professores exploram a variedade de planos de avaliação.

Fonte: Elaborado com base em Wood, 2009, p. 19, tradução nossa.

RESOLUÇÃO COLABORATIVA DOS PROBLEMAS

A relação entre professor e aluno deve ser de cumplicidade, ou seja, o professor deve definir as regras, impor os limites de forma que o aluno saiba respeitar essas regras de maneira natural e em concordância mútua, para que haja o desenvolvimento da atividade sem discrepância de entendimento e aceitação pelas duas partes. Aos problemas advindos, o professor deve estar preparado para dar uma resolução prática e imediata.

O Projeto Iris corrobora o modelo proposto por Windle e Warren (2009) para a resolução colaborativa de problemas, que contém as estratégias descritas a seguir:

- **Partilhar perspectivas** (usando a capacidade de comunicação para entender a percepção que os outros têm da situação, as suas necessidades e desejos);
- **Definir as questões** (clarificar os tópicos para discussão);
- **Identificar os interesses** (ir além das posições base ou soluções para perceber o que as partes realmente precisam para ficarem satisfeitas, tendo em vista o alcance do acordo e procurar a posição comum a todas as partes);
- **Gerar opiniões** ([...] gerar ideias, olhando o problema de todos os ângulos e considerando tantas ideias diferentes quantas possíveis);
- **Desenvolver um modelo justo ou critérios objectivos para a decisão** (usando os critérios acordados, combinando e reduzindo opiniões e criando acordos para benefício mútuo). (Iris, 2009, p. 9, grifo nosso)

O professor obtém, por meio da relação com o aluno, o poder da negociação e barganha para a satisfação de ambas as partes, promovendo, assim, um ambiente harmônico e de companheirismo, sem o favorecimento de um em detrimento do outro.

Grupos heterogêneos

Heterogeneidade refere-se à diversidade encontrada num determinado grupo de alunos, seja advinda de raça, sexo, crença, nível socioeconômico, intelectualidade, seja pelas diversas formas de necessidades especiais, entre outras diversidades. A escola passou da homogeneidade de outrora e está caminhando efetivamente para a educação inclusiva, que contempla toda a diversidade apresentada.

Trabalho árduo, em se tratando de tirar a concepção de uma escola diferente para alunos diferentes, o que não significa que o trabalho complementar para os alunos especiais seja deixado de lado, mas que a escola seja o complemento para a sociabilização dos alunos.

> Não afirmamos que a heterogeneidade é sempre a melhor opção, mas sim que a diversidade é essencial para criar uma comunidade inclusiva. Os alunos devem ter a oportunidade de aprender a viver em comunidade, promovendo-se um sentimento de pertença, amizade, solidariedade e cooperação. (Iris, 2009, p. 10)

Por exemplo, os atendimentos aos alunos especiais promovidos pelas entidades assistenciais incutem no aluno a credibilidade de sua capacidade, e isso é colocado em prática quando ele frequenta a escola regular de ensino.

Ensino efetivo

Um ensino efetivo requer o desenvolvimento da educação de qualidade, a qual terá como consequência um aluno preparado para a atuação como cidadão, com capacidade e representatividade crítica, responsável e participativa.

A escola, para oferecer a educação com qualidade e inovadora, deve contemplar também em seu plano de metas ações de planejamento e trabalho em equipe entre os envolvidos no processo de ensino-aprendizagem.

4.2.1 Da necessidade e da viabilidade de se adotarem estratégias

Adotar estratégias significa adotar formas de proporcionar a inclusão do aluno, com suas diversidades ou necessidades especiais, na rede regular de ensino. Desde os Parâmetros Curriculares Nacionais (PCN), houve preocupação em definir estratégias nesse sentido.

> Como atender a essa diversidade? Sem pretender respostas conclusivas, sugere-se estas, dentre outras medidas: elaborar propostas pedagógicas baseadas na interação com os alunos, desde a concepção dos objetivos; reconhecer todos os tipos de capacidades presentes

na escola; sequenciar conteúdos e adequá-los aos diferentes ritmos de aprendizagem dos educandos; adotar metodologias diversas e motivadoras; avaliar os educandos numa abordagem processual e emancipadora, em função do seu progresso e do que poderá vir a conquistar. (Brasil, 1998, p. 18)

Estratégias são importantes para que se atinja um objetivo, além de colaborarem com a definição das diretrizes. Traçar uma estratégia didática é planejar ações que poderão ser tomadas diante de situações inesperadas ou que possam auxiliar o professor nas definições das atividades desenvolvidas, promovendo maior envolvimento e comprometimento dos alunos.

As estratégias didáticas devem contemplar os recursos utilizados (textos, vídeos, palestras, dinâmicas etc.) de forma a atingir as metas traçadas.

4.2.2 A EDUCAÇÃO A DISTÂNCIA COMO ESTRATÉGIA DE ENSINO E INCLUSÃO

A educação a distância (EaD) está inserida num modelo de educação pedagogicamente autônoma, interativa e flexível de estudos, visando à formação de cidadãos críticos, conscientes e criativos. Assim, essa forma de ensino aparece como promotora do desenvolvimento social, promovendo a inclusão em todos os sentidos.

No início, já desde a década de 1930, foram incorporadas as cartilhas, os livros e os guias. Na década de 1960, iniciou-se a utilização da correspondência e da radiofonia; nos anos 1970 e 1980, a televisão, o rádio, os videocassetes; e, a partir dos anos 1990, as redes de satélites, a internet e os suportes informáticos.

Para o enfrentamento de novos desafios, a educação a distância apresenta-se como uma modalidade capaz de contribuir para a formação em locais distantes dos grandes centros de produção do conhecimento. Com efeito, estudar a distância pode contribuir na concretização das políticas públicas de formação docente, na oferta de oportunidades educativas e na participação da economia e desenvolvimento da sociedade, minimizando os efeitos da exclusão social. (Romanowski, 2012, p. 96)

Assim, a EaD é uma forma de educação inclusiva, pois está inserido nessa modalidade todo tipo de diversidade, de diferentes pontos geográficos do Brasil e também de alunos com necessidades especiais.

4.2.3 A EJA COMO ESTRATÉGIA DE ENSINO E INCLUSÃO

A EJA, a partir da LDBEN – Lei n. 9.394/1996 – ou Lei Darcy Ribeiro –, passou a ser uma modalidade de educação básica no ensino fundamental e médio. Conforme rege o art. 37 da LDBEN:

> Art. 37 A educação de jovens e adultos será destinada àqueles que não tiveram acesso ou continuidade de estudos no ensino fundamental e médio na idade própria.
> § 1º Os sistemas de ensino assegurarão gratuitamente aos jovens e aos adultos, que não puderam efetuar os estudos na idade regular, oportunidades educacionais apropriadas, consideradas as características do aluno, seus interesses, condições de vida e de trabalho, mediante cursos e exames. (Brasil, 1996)

A EJA é também uma modalidade de educação inclusiva, pois é direcionada aos alunos que, por algum motivo, não frequentaram a escola na faixa etária correta, ficando excluídos da aprendizagem escolar, e retornam para recuperar essa defasagem. Assim, são inseridos nessa modalidade, pois não se pode tratá-los como as crianças que frequentam a escola regular, já que têm uma trajetória cheia de experiências, com vida familiar já construída e uma bagagem de conhecimento empírico:

> De tanto ouvirem de si mesmos que são incapazes, que não sabem nada, que não podem saber, que são enfermos, indolentes, que não produzem em virtude de tudo isto, terminam por se convencer de sua "incapacidade". Falam de si como os que não sabem e do "doutor" como o que sabe e a quem devem escutar. (Freire, 1987, p. 28)

O aluno com necessidades especiais, particularmente, passa a ver sua dificuldade muito maior do que ela realmente é, pois a sociedade o coloca na posição de que sempre necessitará de alguém para auxiliá-lo nas tarefas cotidianas; ele, porém, tem capacidade para a aprendizagem, desde que haja estratégias diferenciadas que o favoreçam nessa prática.

4.3 Relevância da EJA para a sociedade

O Movimento Brasileiro de Alfabetização (Mobral) foi criado em 1970 com a perspectiva de erradicar o analfabetismo no Brasil e tinha como *slogan* "Em 10 anos vamos acabar com o analfabetismo no Brasil". Para isso, o governo Médici, na época, oferecia como incentivo, por meio do Decreto-Lei n. 1.124, de 8 de setembro de 1970, "deduções no imposto de renda de pessoas jurídicas para fins de alfabetização" (Brasil, 1970).

Mobral, cursos supletivos, alfabetização solidária, Brasil alfabetizado: foram esses os vários programas para a erradicação do analfabetismo na sociedade, os quais foram fracassados devido a diversos problemas, como estrutura física inadequada, dificuldade de acesso aos locais de estudo e programas ineficazes.

> A EJA, enquanto modalidade educacional que atende a educandos-trabalhadores, tem como finalidade e objetivo o compromisso com a formação humana, com o acesso à cultura geral, de modo que os educandos venham a participar política e produtivamente das relações sociais, com comportamento ético e compromisso político, através do desenvolvimento da autonomia intelectual e moral. A educação deve voltar-se para uma formação nas quais [sic] os educandos-trabalhadores possam: aprender permanentemente; refletir criticamente; agir com responsabilidade individual e coletiva. (Fonseca, 2010)

É necessário que os jovens e os adultos sejam vistos com mais atenção e dedicação nas propostas, a fim de que a cidadania seja resgatada, trazendo-os de volta a uma sociedade mais justa, pois é nessa classe social que se concentram as maiores injustiças, uma vez que o indivíduo, por não ter uma formação educacional condizente com as exigências do mercado de trabalho atual, fica à mercê da sorte para conseguir colocar-se em um trabalho cuja remuneração satisfaça pelo menos a parte essencial das necessidades de sobrevivência.

> O trabalho, por exemplo, tem papel fundamental na vida desses estudantes, particularmente, por sua condição social [...] [, pois] muitas vezes, é só por meio dele que eles poderão retornar à escola ou nela permanecer, [sic] como também valorizar as questões culturais, que podem ser potencializadas na abertura de espaços de diálogo, troca, aproximação, resultando interessantes aproximações entre jovens e adultos. (Fonseca, 2010)

Alguns têm a sorte de conseguir uma colocação no mercado de trabalho, e isso os motiva a retornar à escola. É, então, que muitas vezes, começa seu dilema, pois conciliar estudo, trabalho, horários, famílias, escolas muito distantes, professores sem o devido preparo para acolher os diversos alunos etc., faz com que o indivíduo opte pela desistência daquilo que, naquele momento, não está lhe fazendo falta, que é a escola.

Talvez seja essa a causa de fracassos em todos os programas de alfabetização, mas enquanto o governo não soluciona o problema de forma geral, cabe à comunidade lutar pelos direitos e fazer com que o governo cumpra suas promessas e coloque um olhar especial sobre a condição desses indivíduos. Enquanto isso não acontece, a EJA fica condicionada à boa vontade do educador que tem disposição de ajudar na adequação e a melhor forma de incluí-los na sociedade.

4.3.1 Histórico da EJA no Brasil

Ao relembrar a história do descobrimento do Brasil, percebemos que a EJA iniciou naquela época, em 1549, quando os jesuítas vieram ao Brasil, sob o comando do padre Manoel da Nóbrega, no governo de Tomé de Souza, para catequizar os índios que aqui viviam, pois, para que o índio compreendesse o ensino religioso, era necessário aprender a ler e a escrever. Vejamos um quadro-síntese da EJA.

4.3 – Quadro histórico da EJA

Período Colonial 1500 – 1822	"Além de ensinar a doutrina católica, os jesuítas iniciaram o trabalho de orientação agrícola para que vivessem independentes e afastados dos colonizadores portugueses" (Silva, 2010).
Período Imperial 1822 – 1889	Decreto n. 7.031-A, de 6 de setembro de 1878. "Art. 1º Em cada uma das escolas publicas de instrucção primaria do 1º gráo do municipio da Côrte, para o sexo masculino, é creado um curso nocturno de ensino elementar para adultos, comprehendendo as mesmas materias que são leccionadas naquellas escolas" (Brasil, 1878).
Década de 1930	1932 – Fundada a Cruzada Nacional de Educação, pelo Decreto n. 21.731, de 15 de agosto de 1932 (Brasil, 1932), para combater o principal problema da nação, o analfabetismo. 1934 – O art. 150 da Constituição Federal de 1934 (Brasil, 1934) determinou a criação do Plano Nacional de Educação (PNE), que indicava pela primeira vez a educação de adultos como dever do Estado, incluindo em suas normas a oferta do ensino primário integral, gratuito e de frequência obrigatória, extensiva para adultos.
Década de 1940	Época Vargas – Ditadura do Estado Novo – a EDA (Educação de Adultos). 1945 – Fim da ditadura de Vargas. 1947 – I Congresso EDA (Educação de Adultos) promovido pelo Governo Federal. O lançamento da CEAA (Campanha de Educação de Adolescentes e Adultos). Nesse mesmo ano houve a criação do SEA (Serviço De Educação de Adultos).
Década de 1950	1958 – Realizada a Campanha Nacional de Erradicação do Analfabetismo, que foi extinta em 1963.
Década de 1960	1963 – Paulo Freire ensina, com seu projeto, em 45 dias, 300 cortadores de cana a ler, escrever e, sobretudo, a contextualizar os problemas.

(continua)

(Quadro 4.3 – conclusão)

DÉCADA DE 1970	Criado o Mobral, em 15 de dezembro de 1967, com o projeto de erradicar o analfabetismo em apenas 10 anos (Brasil, 1967).
DÉCADA DE 1980	1985 – Extinção do Mobral, substituído pela Fundação Educar – extinta em 1990, no governo Collor (Brasil, 1985). 1988 – A promulgação da nova Constituição Federal (Brasil, 1988), que trouxe importantes avanços para a EJA.
DÉCADA DE 1990	1996 – A Lei n. 9.394, de 20 de dezembro de 1996 (Brasil, 1996), reduz a EJA a cursos e exames supletivos.
ATUALMENTE	2012 – A Resolução 44, de 5 de setembro de 2012 (Brasil, 2012), do Fundo Nacional de Desenvolvimento da Educação (FNDE), estabelece orientações, critérios e procedimentos para a transferência automática de recursos financeiros do Programa Brasil Alfabetizado aos estados, ao Distrito Federal e aos municípios e para o pagamento de bolsas aos voluntários que atuam no programa, no ciclo 2012.

No período Colonial, a educação dos jesuítas preocupava-se com os ensinamentos dos ofícios necessários à sobrevivência e ao funcionamento da economia colonial e contemplava trabalhos manuais, ensino agrícola e muito raramente a leitura e a escrita.

No período Imperial, com o Decreto n. 7.031, de 6 de setembro de 1878 (Brasil, 1978), foram criados cursos noturnos para adultos analfabetos do sexo masculino, no município da corte – Rio de Janeiro.

Assim, a cada década o Brasil apresentou novos projetos, um substituindo o outro, todos com a intenção de erradicar o analfabetismo no país.

Com a visão de que a alfabetização não deveria ser padronizada, pois as características regionais deveriam ser respeitadas, Paulo Freire, patrono da educação brasileira, no ano de 1963, em 45 dias alfabetizou 300 trabalhadores no interior do Rio Grande do Norte. Seu projeto não só alfabetizava, como também ensinava a contextualizar os problemas.

A ação de Paulo Freire foi por ele resumida da seguinte forma:

> Se antes a alfabetização de adultos era tratada e realizada de forma autoritária, centrada na compreensão mágica da palavra, palavra doada pelo educador aos analfabetos; [...] agora, pelo contrário, a alfabetização como ato de conhecimento, como ato criador e como ato político é um esforço de leitura do mundo e da palavra. (Freire, 1989, p. 19)

O Mobral – Lei n. 5.379, de 15 de dezembro de 1967 (Brasil, 1967) –, levou três anos para a sua implantação, que ocorreu em 1970.

Em 1990, a Fundação Educar foi extinta e os estados e municípios passaram a assumir a EJA.

O Programa Brasil Alfabetizado existe desde 2003 e tem como objetivo a educação de jovens e adultos com idade acima de 15 anos. O programa reconhece a educação como direito humano e a oferta pública da alfabetização como início da educação e escolarização das pessoas ao longo da vida.

Podemos perceber, assim, que os sucessos da aprendizagem carecem muito da boa vontade dos governos em oferecer condições para que haja educadores e outros profissionais preparados para a causa.

Apesar das grandes dificuldades enfrentadas no decorrer da história da EJA no Brasil, o Instituto Brasileiro de Geografia e Estatística (IBGE) tem mostrado a queda contínua na taxa de analfabetismo, conforme ilustra o gráfico a seguir.

Gráfico 4.1 – Taxa de analfabetismo entre pessoas com 15 anos ou mais no Brasil (por década)

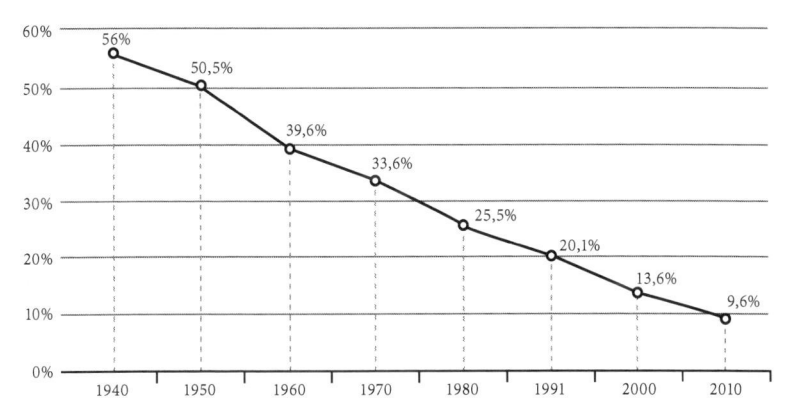

Ano	Taxa
1940	56%
1950	50,5%
1960	39,6%
1970	33,6%
1980	25,5%
1991	20,1%
2000	13,6%
2010	9,6%

Fonte: Elaborado com base em IBGE, 2012, p. 32.

Conforme o IBGE (2012), o monitoramento de analfabetismo ocorre na faixa etária de 15 anos ou mais, adaptando-se ao que é realizado no contexto internacional.

4.3.2 Papéis funcionais da EJA

O Parecer CNE/CEB n. 11, de 10 de maio de 2000, versa sobre as Diretrizes Curriculares Nacionais para a Educação de Jovens e Adultos.

> Os Estados-Partes do presente Pacto reconhecem que, com o objetivo de assegurar o pleno exercício desse direito: a educação primária deverá ser obrigatória e acessível gratuitamente a todos; a educação secundária em suas diferentes formas, inclusive a educação secundária técnica e profissional, deverá ser generalizada e tornar-se acessível a todos, por todos os meios apropriados e, principalmente, pela implementação progressiva do ensino gratuito; [...]; dever-se-á fomentar e intensificar na medida do possível, a educação de base para aquelas pessoas que não receberam educação primária ou não concluíram o ciclo completo da educação primária. (art. 13, 1, "d" do Pacto Internacional sobre Direitos Econômicos, Sociais e Culturais da Assembleia Geral da ONU de 16.12.66, aprovado, no Brasil, pelo

decreto legislativo n. 226 de 12.12.95 e promulgado pelo decreto n. 591 de 7.7.92). (Brasil, 2000b, p. 1)

As funções determinadas para a EJA, de acordo com o Parecer CNE/CEB 11/2000, são:

- Função reparadora.
- Função equalizadora.
- Função permanente.

Função reparadora

É aquela que garante aos jovens e adultos o direito civil, o direito à educação em escolas de qualidade e o direito de ser tratado com igualdade, proporcionando, dessa forma, segurança ao indivíduo a fazer valer seus direitos de cidadão e estar apto a enfrentar os desafios impostos ao longo da vida. Por isso, Paulo Freire estava bem certo quando propunha em seu projeto não apenas a leitura e a escrita, mas levar ao aluno a importância de contextualização de problemas. Isso se reflete no Parecer n. 11/2000:

> Mas a função reparadora deve ser vista, ao mesmo tempo, como uma oportunidade concreta de presença de jovens e adultos na escola e uma alternativa viável em função das especificidades socioculturais destes segmentos para os quais se espera uma efetiva atuação das políticas sociais. É por isso que a EJA necessita ser pensada como um **modelo pedagógico próprio** a fim de criar situações pedagógicas e satisfazer necessidades de aprendizagem de jovens e adultos. (Brasil, 2000b, p. 9, grifo do original)

A capacidade de contextualização fará o aluno refletir sobre seus direitos outorgados nas leis, sobre os quais, muitas vezes, eles nem tem conhecimento. Para isso, é necessário um modelo de educação que contemple esses ensinamentos, a fim de que o educando possa entender o seu direito de estudar em uma escola de qualidade, conforme propõe o Parecer n. 11/2000.

Função equalizadora

É aquela que visa garantir a entrada dos alunos que foram excluídos do sistema educacional e que, por algum motivo, não frequentaram os bancos escolares e agora buscam novas oportunidades de resgatar a sua educação. Sobre essa função, afirma o Parecer n. 11/2000:

> A reentrada no sistema educacional dos que tiveram uma interrupção forçada seja pela repetência ou pela evasão, seja pelas desiguais oportunidades de permanência ou outras condições adversas, deve ser saudada como uma reparação corretiva, ainda que tardia, de estruturas arcaicas, possibilitando aos indivíduos novas inserções no mundo do trabalho, na vida social, nos espaços da estética e na abertura dos canais de participação. Para tanto, são necessárias mais vagas para estes "novos" alunos e "novas" alunas, demandantes de uma nova oportunidade de equalização. (Brasil, 2000b, p. 9)

Nesse contexto, a EJA deve ser para a sociedade uma busca de igualdade, que proporciona a educação a todas as pessoas, de todas as idades; autoriza o jovem a lutar pelo conhecimento, a trocar experiências e a conhecer novas técnicas de trabalho e cultura.

Função permanente

Também chamada de *qualificadora*, essa função busca proporcionar a educação permanente e a construção de uma sociedade devidamente educada, voltada para a igualdade, a solidariedade e a diversidade.

> Mais do que uma função, ela é o próprio **sentido** da EJA. Ela tem como base o caráter incompleto do ser humano cujo potencial de desenvolvimento e de adequação pode se atualizar em quadros escolares ou não escolares. Mais do que nunca, ela é um apelo para a educação permanente e criação de uma sociedade educada para o universalismo, a solidariedade, a igualdade e a diversidade. (Brasil, 2000b, p. 11, grifo do original)

A EJA não deve ser estática; não deve ficar somente como está; é preciso que essa modalidade de ensino seja dinâmica, esteja sempre atualizando ou apresentando algo novo para uma educação que realmente faça a diferença.

4.3.3 Resultados e fatos observados

Atualmente, observamos pessoas cada vez mais jovens no mercado de trabalho, pois buscam um espaço na sociedade e, por meio do trabalho, procuram resgatar sua dignidade. Esses jovens precisam trabalhar para ajudar sua família e, por isso, evadem-se dos bancos escolares; mas quando estão mais maduros, percebem a necessidade da educação para a melhoria de qualidade de vida. Isso porque a educação leva o indivíduo a um espaço maior e melhor, razão pela qual o jovem que deixou um dia os bancos escolares deveria voltar à escola, pois a educação está articulada ao mercado de trabalho, uma vez que é cada vez mais exigente a formação educacional no mundo moderno.

A Lei de Diretrizes e Bases, Lei n. 9.394/96, no art. 38, § 1º, ao reduzir a idade para a realização de exames de 18 anos para 15 anos no Ensino Fundamental e de 21 anos para 18 anos no Ensino Médio, vem contribuindo para o aumento significativo do número de jovens que passam a incorporar o quadro de alunos da EJA e, por conseguinte, demandando novos professores, espaços físicos e a reestruturação de sua metodologia de trabalho. (Soares, 2002, p. 201)

Os jovens e os adultos também são vistos por outra ótica: a do aluno problema, que não se adapta ao ensino regular e, por essa razão, é encaminhado à EJA. Dessa forma, essa modalidade de ensino acolhe os alunos que não conseguiram estudar nas séries de acordo com sua faixa etária e acabam por se tornar vítimas de preconceitos, independentemente das razões que outrora os fizeram abandonar os bancos escolares.

Síntese

Neste capítulo, apresentamos as estratégias de ensino para inclusão educacional, abordando a inclusão e sua relevância social. Procuramos tratar sobre os alunos com necessidades especiais inseridos na escola de ensino regular, refletindo sobre as necessidades de preparação dos diversos profissionais inseridos no processo de inclusão destes para que isso ocorra de forma natural e eficaz. Enfocamos também a necessidade de adoção de estratégias de inclusão escolar como a EaD, bem como a relevância da EJA para a sociedade. Neste último tópico, trouxemos a descrição de momentos históricos da EJA em cada período de tempo, desenhando, assim, a história dessa modalidade de ensino até os dias atuais.

Perguntas e respostas

1. Paulo Freire propôs um método de ensino que ensinava a ler, a escrever e a contextualizar problemas. Descreva o método proposto.

   Resposta

   Paulo Freire, em 1963, escolheu a cidade de Angicos, interior do Rio Grande do Norte, para aplicar seu método de ensino. Em 45 dias alfabetizou 300 trabalhadores (cortadores de cana). Ele acreditava em uma educação não padronizada, respeitando dessa forma as características regionais. O processo percorria por três fases: investigação, tematização e problematização. Primeiro, identificava-se as palavras e os temas mais significativos para o aluno; em seguida, o aluno tomava consciência do que aquilo representava e, por fim, comentava e expunha sua opinião. Para Freire, a alfabetização ia além de codificar e decodificar.

2. O que você conhece sobre o Programa Brasil Alfabetizado?

   Resposta

   Foi instituído pelo Decreto n. 4.834, de 8 de setembro de 2003, e substituído pelo Decreto n. 6.096, de 24 de abril de 2007 (Brasil, 2007), tendo como órgão responsável pela coordenação e pelo gerenciamento em todo o país a Secretaria de Educação Continuada, Alfabetização e Diversidade do Ministério da Educação (Secad/MEC).

De acordo com o art. 2º da Resolução n. 52, de 11 de dezembro de 2013 (Brasil, 2013), o Programa Brasil Alfabetizado "Tem como objetivo a contribuição para universalização do ensino fundamental, promovendo apoio por meio de transferência de recursos financeiros, às ações de alfabetização de jovens com 15 anos ou mais, adultos e idosos nos Estados, no Distrito Federal e nos Municípios".

Essas transferências de recursos financeiros ocorrem em caráter suplementar aos entes federados que aderirem ao programa, para desenvolver ações de alfabetização e o pagamento de bolsas-benefício a voluntários que atuem como alfabetizadores ou tradutores – intérpretes da Língua Brasileira de Sinais (Libras) e coordenadores de turmas de alfabetização em atividade. Todas as informações estão contidas no Manual Operacional do Programa Brasil Alfabetizado 2008.

Consultando a legislação

Entre toda a legislação utilizada, destacamos o ECA – Lei n. 8.069, de 13 de julho de 1990 –, pois esse documento determina o direito do jovem dentro dos programas de educação, uma vez que são eles que deverão ajudar no desenvolvimento do país, e, para isso, devem ser preparados a enfrentar os grandes desafios impostos. Assim, o estatuto está referenciado para que seja fácil seu acesso e sua leitura.

BRASIL. Lei n. 8.069, de 13 de julho de 1990. **Diário Oficial da União**, Poder Legislativo, Brasília, DF, 16 jul. 1990. Disponível em: <http://www.planalto.gov.br/CCIVIL_03/leis/L8069.htm>. Acesso em: 29 set. 2016.

Apresentamos, também, alguns documentos reguladores da EJA que complementam o compromisso de disponibilizar formas de ensino pelo Poder Público, para que este dê o devido suporte aos diversos programas de erradicação do analfabetismo no Brasil.

BRASIL. Decreto n. 7.031-A, de 6 de setembro de 1878. **Coleção de Leis do Império do Brasil**, Rio de Janeiro, 6 set. 1878. Disponível em: <http://www2.camara.leg.br/legin/fed/decret/1824-1899/decreto-7031-a-6-setembro-1878-548011-publicacaooriginal-62957-pe.html>. Acesso em: 29 set. 2016.

BRASIL. Lei n. 7.853, de 24 de outubro de 1989. **Diário Oficial da União**, Poder Legislativo, Brasília, DF, 25 out. 1989. Disponível em: <http://www.planalto.gov.br/ccivil_03/leis/L7853.htm>. Acesso em: 29 set. 2016.

BRASIL. Lei n. 9.394, de 20 de dezembro de 1996. **Diário Oficial da União**, Poder Legislativo, Brasília, DF, 23 dez. 1996. Disponível em: <http://www.planalto.gov.br/ccivil_03/leis/L9394.htm>. Acesso em: 29 set. 2016.

BRASIL. Ministério da Educação. Conselho Nacional de Educação. Câmara de Educação Básica. Parecer n. 11, de 10 de maio de 2000. **Diário Oficial da União**, Brasília, DF, 9 jun. 2000. Disponível em: <http://portal.mec.gov.br/secad/arquivos/pdf/eja/legislacao/parecer_11_2000.pdf>. Acesso em: 29 set. 2016.

BRASIL. Ministério da Educação. Conselho Nacional de Educação. Resolução n. 1, de 17 de janeiro de 2004. **Diário Oficial da União**, Brasília, DF, 22 jun. 2004. Disponível em: <http://portal.mec.gov.br/cne/arquivos/pdf/res012004.pdf>. Acesso em: 29 set. 2016.

Indicações culturais

As indicações de leitura a seguir fazem-se importantes para o aprofundamento dos conhecimentos sobre a EJA

HENRIQUES, R. M. **O currículo adaptado na inclusão de deficiente intelectual**. Disponível em: <http://www.diaadiaeducacao.pr.gov.br/portals/pde/arquivos/489-4.pdf>. Acesso em: 29 set. 2016.

PAULO Freire e seu método de alfabetização de adultos. **Globo Ação**, 21 maio 2013. Disponível em: <http://redeglobo.globo.com/acao/noticia/2012/12/paulo-freire-e-seu-metodo-de-alfabetiza cao-de-adultos.html>. Acesso em: 23 set. 2016.

UNESCO – Organização das Nações Unidas para a Educação, a Ciência e a Cultura. **Declaração de Salamanca sobre princípios, política e práticas na área das necessidades educativas especiais**: 1994. Salamanca, Espanha: Unesco, 10 de junho de 1994. Disponível em: <http://unesdoc.unesco.org/images/0013/001393/139394por.pdf>. Acesso em: 29 set. 2016.

Atividades de autoavaliação

1. "As escolas do ensino regular devem educar todos os alunos, enfrentando a situação de exclusão escolar das crianças com deficiência, das que vivem nas ruas ou trabalham, das superdotadas, em desvantagem social e das que apresentam diferenças linguísticas, étnicas ou culturais". Esse é um princípio básico apresentado originalmente na:

    a) Declaração Universal dos Direitos Humanos.
    b) Declaração de Salamanca.
    c) Declaração da ONU.
    d) Declaração da Guatemala.

2. "Todas as crianças devem aprender juntas, sempre que possível, independentemente de quaisquer dificuldades ou diferenças que elas possam ter". Esse é o princípio básico da educação inclusiva, contemplado no documento elaborado com base na:

    a) Conferência Mundial de Educação Especial (1994).
    b) Declaração Universal dos Direitos Humanos.
    c) Lei das Diretrizes Bases da Educação Nacional.
    d) Declaração de Educação para Todos.

3. Segundo o art. 58 da LDBEN – Lei n. 9.394/1996(Brasil, 1996) – educação especial é entendida como modalidade de educação escolar:

    a) oferecida na rede regular de ensino para educandos com necessidades especiais, quando há vagas disponíveis.
    b) oferecida sempre na rede regular de ensino para educandos com necessidades especiais.
    c) oferecida apenas em instituições específicas para educandos com necessidades especiais.
    d) oferecida preferencialmente na rede regular de ensino para educandos com necessidades especiais.

4. Como pode ser percebida a orientação inclusiva numa escola?

5. Discorra sobre as funções da EJA.

ATIVIDADES DE APRENDIZAGEM

Questões para reflexão

1. Qual é o papel do Estado na EJA?

2. Como é definida a educação especial?

3. Discorra sobre o papel do professor no seguinte princípio básico da educação inclusiva: "Todas as crianças devem aprender juntas, sempre que possível, independentemente de quaisquer dificuldades ou diferenças que elas possam ter".

4. A função social da escola, por meio de diversas ações, favorece a interação múltipla, definindo em seu currículo diferentes práticas com o intuito de garantir o acesso e a permanência do aluno na escola, o que chamamos de *ensino na diversidade*. Discorra sobre algumas exigências para a prática desse ensino.

5. Qual deve ser o comportamento do professor da EJA?

Um paralelo entre o ensino regular e a EJA

Introduzimos este capítulo por uma frase de cada uma das personalidades que o motivaram:

- Paulo Freire (1996, p. 12) afirma que "Ensinar não é transferir conhecimento, mas criar as possibilidades para a sua própria produção ou a sua construção".
- Para Jean Piaget (1994, p. 96), "O principal objetivo da educação é criar pessoas capazes de fazer coisas novas e não simplesmente repetir o que outras gerações fizeram".
- Malcolm Knowles (1980, p. 43, tradução nossa) define "a andragogia como a arte ou a ciência de orientar adultos a aprender".

Nesta parte do livro, apresentaremos algumas fundamentações teóricas que sustentam a prática pedagógica e andragógica. Você perceberá que, assim como afirmamos anteriormente, o papel principal do professor ou do pedagogo caracteriza-se por intermediar, auxiliar e orientar o sujeito a construir seu próprio conhecimento.

Com o objetivo de auxiliar você, leitor, na prática educativa, tanto no ensino regular quanto, principalmente, na educação de jovens e adultos (EJA), este capítulo divide-se em três seções: na Seção 5.1, "Aspectos cognitivos na aprendizagem regular", são apresentadas e definidas algumas teorias e formas de pensar o desenvolvimento do conhecimento e da aprendizagem no ensino regular; na Seção 5.2, "Aspectos cognitivos na EJA", é definida a andragogia sob o ponto de vista de Knowles (1980) e explicado o método por ele desenvolvido; e na Seção 5.3, "Paralelo entre as aprendizagens regular e na EJA" resumem-se os pontos específicos da educação regular e da EJA e são expostas suas principais diferenças.

5.1 Aspectos cognitivos na aprendizagem regular

No contexto da educação básica – que inclui a educação infantil e os ensinos fundamental e médio –, o **conhecimento** é o "produto" que o profissional tem no seu campo de trabalho. Um dos principais objetivos do pedagogo ou professor de uma determinada disciplina, segundo as Diretrizes e Bases da Educação Nacional e demais resoluções que tratam da educação brasileira, é assegurar ao aluno o **conhecimento** indispensável e suficiente para exercer a cidadania, ter condições para progredir no trabalho e em estudos posteriores.

A Figura 5.1 ilustra um aluno em idade escolar inserido no primeiro ano do ensino fundamental. Nessa imagem, o menino realiza uma **operação** lógico-matemática. Segundo Piaget, um conjunto de operações sobre o mesmo objeto, visando a ação e a reflexão por parte da criança sobre o mesmo material, caracteriza uma estrutura operacional lógico-matemática, que é base de uma construção significativa do conhecimento.

Figura 5.1 – O ensino regular

Inúmeras são as definições que professores do ensino fundamental e médio atribuem à palavra **conhecimento**. Entre elas, podemos citar: *ideia, noção, informação, notícia, consciência, entendimento sobre algo*, entre outras. Entretanto, com relação ao modo como se desenvolve o conhecimento no aprendiz, ou seja, como um aluno forma o seu conhecimento, os profissionais da educação dividem-se em basicamente dois grupos: os que acreditam no conhecimento *a priori* de cada indivíduo e aqueles que creem na formação do conhecimento de forma **empírica** (Becker, 1994).

Os profissionais considerados **empiristas** afirmam que o **conhecimento** é obtido pelos alunos por meio dos seus sentidos, ou seja, por meio da audição, da visão, do tato, do olfato e do paladar. Ao entrar em contato com algum objeto – concreto ou abstrato –, o aprendiz absorve para si as informações acerca desse objeto. Assim, o **conhecimento** vem do meio externo para o interior do aluno, por meio das sensações. Ainda, além de indispensáveis, quanto maior for a quantidade de experiências vividas, maior será a aprendizagem realizada pelo indivíduo.

Os empiristas atribuem à função do professor ou pedagogo a disponibilização de meios e circunstâncias para que o aluno seja estimulado a usar seus sentidos sobre o objeto de estudo. Uma vez colocada uma informação qualquer diante do aprendiz e que ele seja estimulado a usar seus sentidos sobre ela, o **conhecimento** passa do meio exterior para o meio interior dele, desenvolvendo-se, assim, a aprendizagem.

Por outro lado, os profissionais considerados **aprioristas** afirmam que cada indivíduo traz o **conhecimento** consigo, mesmo antes de nascer, como uma bagagem fechada ou adormecida. Com o amadurecimento da criança, por meio de etapas a serem realizadas, essa bagagem hereditária se desenvolve e o aluno passa a ter o controle sobre ela.

Os aprioristas consideram o papel do professor ou pedagogo como o de despertar, por meio de etapas já determinadas, o conhecimento que o aluno traz hereditariamente. Não é possível o educador ensinar ou transmitir alguma informação ao educando, mas sim desenvolver o **conhecimento** que o aluno apresenta previamente em seu sistema nervoso. Os conteúdos referentes aos objetos que um determinando aluno deve conhecer servirão apenas como subsídio para o desenvolvimento de sua aprendizagem.

Quadro 5.1 – Comparativo entre empirismo e apriorismo

EMPIRISMO	APRIORISMO
Transferência do conhecimento por meio dos sentidos.	Conhecimento hereditário, sistema nervoso.
Conhecimento desloca-se do meio externo para o interno.	Conhecimento tem origem e permanece no meio interno.
O sujeito é passivo no processo de desenvolvimento.	O sujeito é passivo no processo de desenvolvimento.

Percebemos, com base no Quadro 5.1, a diferença entre os profissionais considerados **empiristas** e **aprioristas**. Esporadicamente, as respostas dos professores e pedagogos acerca da aprendizagem fogem a alguma das duas ideias apresentadas. Embora distintos um do outro, ambos os princípios tratam o aprendiz como um sujeito **passivo**, e não ativo. O desenvolvimento do conhecimento se dá de maneira previamente determinada, de forma independente da ação do aluno.

5.1.1 Como Piaget define aprendizagem?

Os princípios básicos que sustentam os profissionais, empiristas ou aprioristas, encontram-se no Quadro 5.1. Essas ideias, entretanto, não se desenvolveram entre os professores e pedagogos de forma imediata, nem empiricamente, tampouco aprioristicamente. Os próprios educadores, ao se depararem com suas experiências educacionais, percebem que agem de forma **reflexiva** sobre a aprendizagem dos seus alunos.

A prática desse processo reflexivo ocorre lentamente, por meio de duas etapas alternadas e ilimitadas: a construção e a reconstrução do conhecimento acerca do objeto que se encontra diante do sujeito (Piaget, 2009). Ainda, a iniciativa dessa reflexão parte do próprio sujeito, tornando-o ativo no processo de aprendizagem e desenvolvimento do conhecimento.

Suponha que uma pessoa qualquer, definida como **sujeito**, deseja construir casas para, posteriormente, vendê-las. Define-se, ainda, a construção de uma casa como sendo o **objeto** do conhecimento dessa pessoa. Durante o período de construção de cada casa durante sua carreira, o sujeito assimila informações sobre o objeto. No fim de cada construção, com a casa já pronta para vender, o sujeito reflete sobre o objeto, ou seja, sobre a construção da casa que se encontra diante de si. O empreendedor nota que, a cada casa construída, seu conhecimento acerca de construção de casas é aprimorado e seu produto final torna-se cada vez melhor. Esse exemplo deixa claro que o processo reflexivo faz com que o sujeito, a cada ciclo, desenvolva um conhecimento melhor sobre o objeto.

Figura 5.2 – Processo de assimilação e acomodação

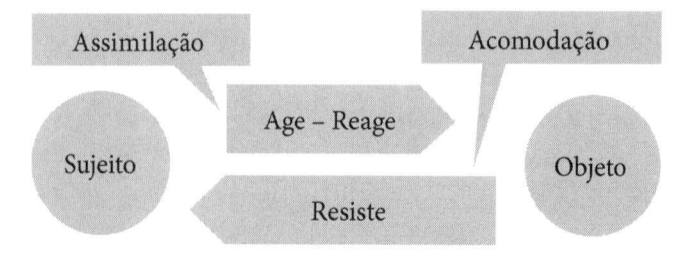

```
   Assimilação                    Acomodação
        ┌──────────────────────┐
        │    Age – Reage  →    │
  Sujeito                        Objeto
        │  ←  Resiste          │
        └──────────────────────┘
```

Segundo Piaget (1986), o conhecimento é uma construção na qual o sujeito é ativo e age espontaneamente sobre o objeto. O processo, ilustrado na Figura 5.2, ocorre ciclicamente por meio de duas etapas: **assimilação**, na qual o sujeito age sobre o objeto, e **acomodação**, na qual o sujeito reflete sobre o objeto. Em um próximo ciclo, o sujeito reage sobre o objeto (assimilação) e, então, reflete novamente (acomodação) sobre ele. Na etapa da assimilação, ocorre o que Piaget define como *aprendizagem*; já na acomodação ocorre aquilo que ele define como *desenvolvimento do conhecimento*. A teoria conhecida como **construtivismo**, de Piaget, consiste na sequência desses ciclos, englobando a **aprendizagem** e o **desenvolvimento do conhecimento** (Piaget; Gréco, 1974).

Figura 5.3 – Jean Piaget

André Müller

Considerado uma das maiores referências aos acadêmicos da área da educação, Jean William Fritz Piaget, na Figura 5.3, nasceu no dia 9 de agosto de 1896, em Neuchâtel, e faleceu aos 84 anos no dia 16 de setembro de 1980, em Genebra, ambas cidades localizadas na Suíça. Suas investigações em psicologia do desenvolvimento e epistemologia genética contribuem até a atualidade para a compreensão da formação e da construção do conhecimento desde a infância até a maturescência.

5.1.2 O desenvolvimento cognitivo segundo Piaget

Nesta seção, analisaremos como Piaget descreve, especificamente, o desenvolvimento do conhecimento em geral e, posteriormente, apresenta o problema da aprendizagem sob o seu ponto de vista. Como visto anteriormente, o desenvolvimento do conhecimento ocorre espontaneamente e depende, entre outros fatores, da ação do sujeito, que é considerado **ativo**. Esse processo está diretamente ligado à embriogênese, a qual trata do desenvolvimento do corpo e, principalmente, do sistema nervoso. Vale lembrar que a embriogênese apenas termina quando um indivíduo alcança a fase adulta; consequentemente, torna-se importante posicionar os estudos acerca da aprendizagem no contexto da biologia e da psicologia (Piaget, 1973).

O desenvolvimento do conhecimento, ou conhecer um objeto de estudo, consiste em uma ideia mais ampla que apenas reproduzir o objeto; consiste em conhecer como ele é construído. O sujeito, ativo, age sobre determinado objeto de estudo e, a cada ação, ele o modifica. Dessa forma, o objeto passa a ser compreendido cada vez melhor pelo sujeito, o que caracteriza o processo do desenvolvimento do conhecimento como um conjunto de operações realizadas.

Piaget (2009) define **operação** como uma ação que modifica o objeto de estudo. Por exemplo: colocar em uma sequência, modificar para mensurar, juntar, separar ou qualquer ação que permita ao sujeito construir estruturas lógicas acerca do objeto de estudo. Uma vez que as operações não ocorrem isoladamente, define-se **estrutura operacional** – o conjunto de operações relacionadas a um determinado objeto. Esta, sim, constitui a base do conhecimento (Figura 5.4).

Figura 5.4 – Estrutura operacional

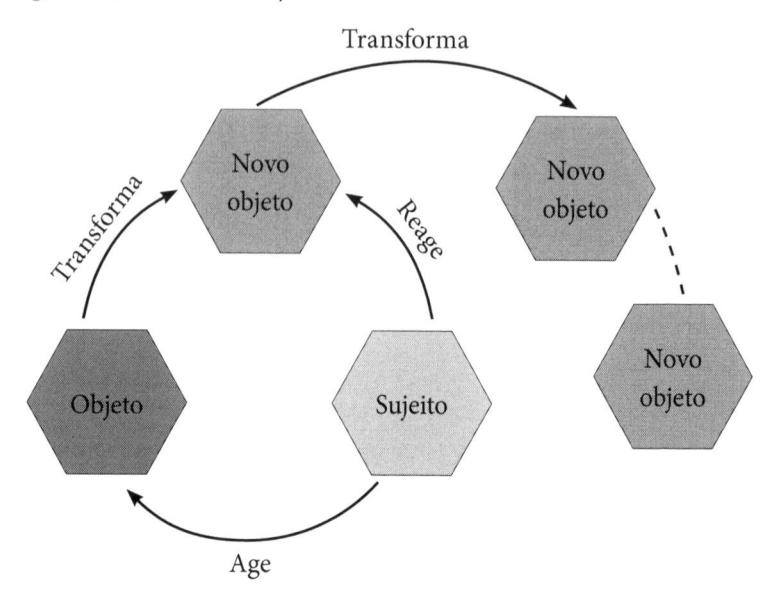

O desenvolvimento do conhecimento cognitivo pode ser dividido, segundo Piaget, em quatro estágios, conhecidos como **sensório-motor**, **pré-operatório**, **operatório concreto** e **operatório formal**. A seguir, apresentaremos mais detalhadamente cada um desses estágios.

Desde o nascimento até completar aproximadamente 2 anos de vida, no estágio **sensório-motor**, também conhecido como *pré-verbal*, o indivíduo desenvolve seu conhecimento prático. Um objeto qualquer, no ponto de vista de um bebê nessa faixa etária, não é permanente. Por exemplo: ao retirar-se algo do local onde ele o viu, o objeto passa a não ter mais existência e, consequentemente, não há tentativa de encontrá-lo. Caso o bebê volte a percebê-lo, o objeto passa a existir novamente. Nos meses finais desse estágio, observa-se a realização de "procuras" por parte do indivíduo, e ações como a de encontrar, perder e reencontrar objetos têm como consequência a construção do objeto permanente.

Entre os 2 e 6 anos de idade, aproximadamente, a criança desenvolve o pensamento **pré-operatório**. Com o desenvolvimento da linguagem e da função simbólica, a criança nesse estágio é apta a reconstruir e representar os objetos desenvolvidos no estágio sensório-motor. Embora o indivíduo consiga realizar operações sobre objetos, essas ações ainda não são suficientes para constituir a estrutura operacional citada anteriormente, pois não apresentam características como a reversibilidade.

Por exemplo: se retirarmos um líquido de um copo para colocá-lo em outro de forma distinta, a criança pode acreditar que a quantidade de líquido tenha se alterado e, ao devolvê-lo ao primeiro copo, poderá não ter o mesmo preenchimento.

Dos 6 anos de idade aos 11, aproximadamente, configura-se o estágio **operatório concreto**, no qual se incluem as primeiras operações com objetos. Entre elas, podemos citar: operação de classificação, sequenciamento, ideia de quantidade e de número, operações espaciais e temporais, operações matemáticas elementares, inclusive, da física elementar. O termo *concreto*, contido na denominação do estágio, tem como justificativa a impossibilidade de a criança operar sobre hipóteses expressadas verbalmente.

Por último, acima dos 11 anos de idade, aproximadamente, a criança ascende ao estágio **operatório formal**, ou, ainda, **hipotético-dedutivo**. A partir de então, o indivíduo é capaz de operar com ideias e raciocinar com hipóteses, formando novas operações, as quais se integram às estruturas operacionais. Não há somente operações com classes, relações e números, mas também com a lógica proposicional, podendo atingir novas estruturas, conhecidas pelos matemáticos como *redes* – caracterizadas pela combinação de raciocínios hipotético-dedutivos. O pensamento passa a ser abstrato, contendo especulações sobre situações, imaginação e planejamento. Os quatro estágios do desenvolvimento cognitivo estão resumidos e sistematizados no Quadro 5.2, a seguir.

Quadro 5.2 – Estágios do desenvolvimento cognitivo

ESTÁGIOS DO DESENVOLVIMENTO COGNITIVO	
SENSÓRIO-MOTOR (ATÉ 2 ANOS)	Desenvolvimento do conhecimento prático. Objetos não permanentes.
PRÉ-OPERATÓRIO (2 – 6 ANOS)	Desenvolvimento da linguagem e da função simbólica. Capacidade de reconstruir e representar objetos.

(continua)

(Quadro 5.2 – conclusão)

ESTÁGIOS DO DESENVOLVIMENTO COGNITIVO	
OPERATÓRIO--CONCRETO (6 – 11 ANOS)	Primeiras operações, como classificação, sequenciamento, ideia de quantidade, operações espaciais, temporais e operações matemáticas elementares.
OPERATÓRIO-FORMAL (11 ANOS OU MAIS)	Capacidade de operar com ideias e raciocinar com hipóteses, formando novas operações. Combinação de raciocínios hipotético-dedutivos.

No processo de desenvolvimento de um grupo de estruturas operacionais, segundo Piaget (1970), existem quatro fatores – denominados *maturação, experiência, transmissão social* e *autorregulação* – os quais explicam a mudança para um grupo mais avançado.

O fator **maturação** é a continuação da embriogênese, em outras palavras, do desenvolvimento do corpo e do sistema nervoso. Embora pouco se saiba acerca do desenvolvimento nervoso, pesquisas mostraram que, em diferentes sociedades, a maturação ocorre em idades distintas.

A **experiência** representa o papel dos efeitos do ambiente físico sobre o intelecto do indivíduo. Esse fator consiste nas ações do sujeito sobre os objetos e a capacidade de abstração mental. Por exemplo: após realizadas experiências com peças de madeira e outras de ferro com tamanhos distintos, não será mais necessário o contato direto com duas peças semelhantes para que se responda qual é mais leve ou mais pesada.

A **transmissão social** pode ser entendida como a transmissão que ocorre pela linguagem, pela educação etc. Considerado um fator fundamental no desenvolvimento, faz-se necessário que o indivíduo esteja em um estado capaz de receber informação via linguagem dirigida por um adulto – razão por que não é possível ensinar matemática a uma criança de 4 anos. Um exemplo que mostra se há ou não a capacidade de essa compreensão ocorrer é o seguinte: informa-se a uma criança que todas as margaridas são brancas e, em seguida, que algumas de minhas flores são margaridas. A transmissão ocorre a partir do momento que se entende a preposição "de" entre as palavras "algumas" e "minhas" como sendo genitivo partitivo. Caso isso ocorra, a criança responderá que pelo menos uma parte de suas flores são brancas.

O fator considerado mais importante por Piaget, a **autorregulação** ou **equilibração**, é o processo realizado pelo próprio sujeito, no qual suas reações perante perturbações externas são transformadas até que se chegue a um equilíbrio. Dessa forma, a autorregulação é um processo ativo, que ocorre por meio de ciclos de estímulo e resposta. Pode-se dizer, considerando este fator, que a resposta já se encontra no interior do sujeito, e a cada ciclo ocorre a transformação da resposta sobre aquele estímulo.

Quadro 5.3 – Fatores estruturais operacionais

FATORES ESTRUTURAIS OPERACIONAIS	
MATURAÇÃO	Continuação da embriogênese. Desenvolvimento do corpo e do sistema nervoso.
EXPERIÊNCIA	Efeitos do ambiente físico. Ações do sujeito sobre os objetos e a capacidade de abstração deles.
TRANSMISSÃO SOCIAL	Ocorre pela linguagem, pela educação etc. É necessário ser capaz de receber informação via linguagem dirigida por um adulto.
AUTORREGULAÇÃO	Realizado pelo próprio sujeito, ativo. Reações perante perturbações externas são transformadas até que se chegue a um equilíbrio.

A **aprendizagem**, sob o ponto de vista de Piaget, ocorrerá mediante os fatores estruturais operacionais – apresentados anteriormente e resumidos sucintamente no Quadro 5.3 –, mais precisamente sobre as estruturas consideradas lógico-matemáticas, as quais deverão estar apoiadas em estruturas mais simples e elementares. Ainda, essas estruturas obedecem às mesmas regras apresentadas acerca do desenvolvimento do conhecimento; dessa forma, a aprendizagem está subordinada ao desenvolvimento. Seguem palavras de Piaget (2009, p. 7):

> Todas as minhas afirmações de hoje representam a criança e o sujeito da aprendizagem como ativos. Uma operação é uma atividade. A aprendizagem é possível apenas quando há uma assimilação ativa. É essa atividade de parte do sujeito que me parece omitida

no esquema estímulo-resposta. A formulação que proponho coloca ênfase na ideia da autorregulação, na assimilação. Toda ênfase é colocada na atividade do próprio sujeito, e penso que sem essa atividade não há possível didática ou pedagogia que transforme significativamente o sujeito.

Constatamos, portanto, depois dessa explanação, que a visão de Piaget é ativa e assimilativa.

5.2 Aspectos cognitivos na EJA

Se para Piaget não é possível considerar o educando em idade escolar um sujeito passivo no processo de ensino-aprendizagem, Knowles considera de fundamental importância que o indivíduo em fase adulta seja tratado como absolutamente ativo nesse processo. Com a percepção, por volta da década de 1970, de que o processo cognitivo em adultos ocorre de forma distinta das crianças, surgiu o conceito de **andragogia**.

5.2.1 O que é andragogia?

O método, a metodologia ou as técnicas de desenvolvimento do conhecimento referente a conteúdos presentes no ensino regular, mas que se deseja aplicar em adultos, constituem um modelo andragógico de educação. Knowles (1980, p. 43, grifo e tradução nossos) define ***andragogia*** como a arte ou a ciência de orientar adultos a aprender, conforme já vimos. Embora esta seja diferente do conceito da pedagogia, ela não a substitui, mas sim a complementa, de tal forma que os preceitos vistos anteriormente acerca da pedagogia também devem ser levados em consideração pelo professor na prática educativa de jovens e adultos.

Outra definição encontrada na literatura para *andragogia* é a ciência que estuda as práticas capazes de orientar adultos a aprender. Nela, considera-se que a experiência é a fonte mais rica para a aprendizagem. Esses jovens e adultos são motivados a desenvolver seus conhecimentos conforme vivenciam necessidades e interesses que tragam alguma contribuição a suas vidas.

Malcolm Knowles, considerado instituidor da teoria andragógica, nasceu dia 24 de agosto de 1913, em Livingston, no estado de Montana, nos Estados Unidos da América, e faleceu aos 84 anos, no dia 27 de novembro de 1997, em Fayetteville, no estado do Arkansas, no mesmo país. Propôs um modelo educacional que sistematiza os princípios do ensino para adultos, engloba os pressupostos da pedagogia e ressalta a importância da modificação da postura do professor no âmbito da educação para adultos. Em suas obras, como as intituladas *The Modern Practice of Adult Education*, de 1980, e *Andragogy in Action*, de 1990, estão inseridos os preceitos básicos do ensino a adultos.

5.2.2 Princípios do modelo andragógico

Diversos autores dedicados à educação fundamentaram as ideias de Knowles, entre eles, podemos citar Allen Tough, o qual ressalta a importância da iniciativa do adulto em seu processo de aprendizagem; e Abraham Maslow, que incluiu em seu trabalho a importância de considerar o meio em que vive o educando, seja a família, seja o local de trabalho, seja a sociedade na qual está inserido.

Os princípios considerados fundamentais por Knowles (1980; 1984) para a educação de adultos podem ser divididos em cinco, os quais sejam:

1. Conhecer a razão pela qual se deve aprender um determinado conteúdo.
2. Realizar experimentos para uma melhor aprendizagem.
3. Entender a aprendizagem como solucionadora de problemas.
4. Visualizar o valor do tópico aprendido.
5. Considerar os motivadores internos como os mais importantes.

Esses princípios conduzem Knowles (1980; 1984) a desenvolver o que ele definiu como um ciclo composto por sete fases, denominadas: *clima de aprendizagem, mecanismos de planificação mútua, diagnóstico das necessidades de aprendizagem, formulação dos objetivos programáticos, elaboração do plano de experiências de aprendizagem, condução das experiências de aprendizagem e avaliação dos resultados* e *rediagnóstico das necessidades de aprendizagem*. Veremos cada uma dessas fases na sequência.

Clima de aprendizagem

Em uma sala de aula composta por adultos, pode haver desrespeito às diferenças e comentários acerca de erros por parte do aluno. Essas ocorrências tornam, inevitavelmente, os participantes mais receosos e, consequentemente, inibem a livre expressão. Logo, o início do ciclo andragógico é o estabelecimento do **clima de aprendizagem**, caracterizado por informalidade, conforto, segurança, confiança, respeito, entre outros fatores.

Além de o ambiente estar de acordo com necessidades físicas mais comuns aos adultos, como as adaptações audiovisuais, o educador deve equilibrar as relações entre os educandos. Um exemplo simples é a apresentação de cada participante aos demais, de tal forma que se rompam preconceitos ou ideias errôneas sobre a motivação dos colegas.

Mecanismos de planificação mútua

Diferentemente das crianças, pessoas adultas consideram-se competentes e, por isso, devem ser tratadas como tal. A inclusão dos educandos no planejamento das atividades a serem desenvolvidas, a delegação de responsabilidades, bem como a influência na tomada de decisões, são **mecanismos de planificação mútua** importantes para que haja envolvimento de cada adulto no processo de aprendizagem.

Diagnóstico das necessidades de aprendizagem

Para cada conteúdo ou conhecimento que se deseja desenvolver, há certo nível de conhecimento preexistente acerca dele. O **diagnóstico das necessidades de aprendizagem** consiste justamente em determinar o intervalo entre esses dois conhecimentos. Essa fase do ciclo é caracterizada por estabelecer os objetivos a serem alcançados, identificar o nível de conhecimento sobre esses objetivos e, então, determinar as lacunas existentes entre eles.

Formulação dos objetivos programáticos

Uma vez identificadas as necessidades de aprendizagem para cada educando, deve-se organizá-las de acordo com critérios de prioridade e, então, realizar a **formulação dos objetivos programáticos**. Os objetivos, segundo Knowles (1980), devem ser extremamente claros e precisos, atendendo às necessidades de aprendizagem detectadas anteriormente.

Elaboração do plano de experiências de aprendizagem

Knowles (1980) afirma que adultos necessitam experimentar suas aprendizagens para torná-las claras e concisas. Uma vez determinadas suas necessidades de aprendizagem, o próprio educando deve proceder a **elaboração do plano de experiências de aprendizagem**. Ativamente, o adulto decide qual das aprendizagens deseja experimentar e escolhe a metodologia e a temporalização de cada atividade. Ainda, o plano de aprendizagem deve ser elaborado com base em problemas que integrem os objetivos pessoais do educando com os conteúdos considerados essenciais pelo educador.

Condução das experiências de aprendizagem

Duas das concepções colocadas por Knowles (1980; 1984) são: primeiramente, a andragogia se baseia na ideia de que a abordagem em educação deve ser mais congruente com as assunções por parte dos educandos; e, por fim, o educador não deve ensinar algo que acredita ser necessário, mas sim aquilo que o educando considera preciso. No processo de elaboração do plano citado anteriormente, o aluno é envolvido na tomada de decisões: o que será aprendido, como e quando será executado. Adultos, comumente, podem não acatar uma orientação do professor caso ela não esteja bem clara em sua importância.

Logo, a **condução das experiências de aprendizagem** consiste no princípio de que o aluno estabelece seus objetivos referentes às experiências realizadas e na ideia de que, agindo de forma ativa, o educador, mais flexível, irá adverti-lo sobre as falhas e indicar quais opções podem ser mais adequadas.

Avaliação dos resultados e rediagnóstico das necessidades de aprendizagem

Partindo da ideia de que nenhum adulto se sente mais infantilizado do que quando avaliado por outro adulto, Knowles (1980; 1984) ressalta a importância da autoavaliação, na qual o educador auxilia o educando na percepção acerca dos progressos e do alcance dos objetivos estabelecidos anteriormente.

O processo de avaliações é sempre muito complicado devido à quantidade excessiva de variáveis internas e externas envolvidas. Entretanto, não devem faltar em uma avaliação a análise da reação do aluno, com informações do grau de satisfação, sentimentos positivos ou negativos; a avaliação da aprendizagem adquirida em termos técnicos e materiais; a avaliação do comportamento dos alunos antes e após a aprendizagem; os resultados obtidos quanto à eficácia, ao custo, entre outros; e, por fim, considerando uma aprendizagem permanente, o rediagnóstico das necessidades de aprender.

Quadro 5.4 – Fases do ciclo andragógico

FASES DO CICLO ANDRAGÓGICO	
CLIMA DE APRENDIZAGEM	Informalidade, conforto, segurança, confiança e respeito.
MECANISMOS DE PLANIFICAÇÃO MÚTUA	Delegação de responsabilidades e influência na tomada de decisões.
DIAGNÓSTICO DAS NECESSIDADES DE APRENDIZAGEM	Lacunas entre objetivos e nível de conhecimento atual.
FORMULAÇÃO DOS OBJETIVOS PROGRAMÁTICOS	Claros, precisos, organizados de acordo com a prioridade.
ELABORAÇÃO DO PLANO DE EXPERIÊNCIAS DE APRENDIZAGEM	Elaborado com base em problemas que misturam os objetivos pessoais do educando com os conteúdos considerados essenciais.
CONDUÇÃO DAS EXPERIÊNCIAS DE APRENDIZAGEM	O educando atua de forma ativa. O educador, mais flexível, adverte sobre as falhas e indica opções mais adequadas.

(continua)

(Quadro 5.4 – conclusão)

Fases do ciclo andragógico	
Avaliação dos resultados e rediagnóstico das necessidades de aprendizagem	Avaliação da reação do aluno. Avaliação da aprendizagem. Avaliação do comportamento dos alunos antes e após a aprendizagem. Rediagnóstico das necessidades de aprender.

Após essa análise, observamos que o Quadro 5.4 sistematiza e resume as fases do ciclo andragógico proposto por Knowles (1980; 1984).

5.2.3 O diferencial do educador da EJA

A globalização em que vivemos atualmente tem como características, entre outras, ininterruptas transformações que afetam diretamente o cidadão comum. Não somente o Estado deve adaptar-se constantemente às mudanças pelo qual o mundo passa, mas também o homem, em sua vida particular. Possuir um diploma de graduação, qualificar-se por meio de cursos, casar e prover as necessidades de seus dependentes são objetivos incertos, uma vez que se fazem necessárias alta flexibilidade e adaptação por parte do indivíduo.

Investimento em aprendizagem traz, ao adulto que opta por retomar seus estudos, inúmeros benefícios em sua atividade profissional e familiar – e, sem dúvida, também uma melhor qualidade de vida. Como intermediador dessa não tão fácil retomada, o professor de jovens e adultos passa a ter enorme responsabilidade social e na vida de cada educando.

Inevitavelmente, adultos trazem consigo uma bagagem considerável de conhecimento. O educador, para ensiná-los, deve fundamentar-se em métodos específicos a fim de encontrar os espaços onde, para cada educando, ocorrerá aprendizagem significativa. Logo, o desempenho eficaz do professor de adultos se baseia em conhecimento muito além do domínio do conteúdo.

Ser professor de jovens e adultos, sem dúvida alguma, é um grande desafio. Em uma sociedade caracterizada por constantes mudanças políticas, econômicas e educacionais, habilidades como flexibilidade, capacidade de adaptação, criatividade e persistência são os maiores desafios do educador de jovens e adultos.

5.3 Paralelo entre as aprendizagens regular e na EJA

Aspectos cognitivos da aprendizagem regular e adulta foram analisados nas seções 5.1 e 5.2, respectivamente, deste capítulo. Esta seção tem como foco as características que as diferenciam. Assim como Piaget dedicou suas investigações ao processo de aprendizagem infantil, Knowles (1980) desenvolveu e propôs um método de educação de adultos. A seguir, serão explicitadas as características exclusivas de cada autor e será realizado um paralelo entre a pedagogia e a andragogia.

5.3.1 Aspectos específicos do ensino regular

Historicamente, o ensino regular vem sendo praticado há séculos. Embora tenha passado por algumas mudanças, o ensino básico sempre pôde ser dividido em educação infantil, ensino fundamental e ensino médio. A pedagogia pressupõe uma idade ideal para cada ciclo em que o aluno esteja inserido.

Para que haja aprendizagem, a criança devidamente inserida no ensino regular, de acordo com sua idade, não exige necessariamente a aplicação do conteúdo estudado em seu cotidiano. Um exemplo claro dessa característica é a seguinte: quando questionamos por que ela deve aprender a operação da divisão, a resposta da criança consiste no fato de a operação ser uma das quatro operações fundamentais da matemática: "Já aprendi a somar, subtrair e multiplicar. Agora falta apenas aprender a dividir".

Na educação regular, entre os objetivos de aprender um conteúdo está o de ter ferramentas necessárias para a aprendizagem de outros conteúdos da mesma área ou não. Pode-se justificar um determinado conhecimento com base em outros conhecimentos que estão por vir, seja na mesma matéria, seja em alguma outra.

Um plano de ensino bem elaborado para uma escola regular tem como compromisso tornar o aluno apto a frequentar o ano ou o ciclo posterior. Ou seja, o conteúdo programático é claramente dividido por ciclo, que, por sua vez, é subdividido nos anos pelos quais é composto. Percebemos, assim, que um planejamento pode ser realizado independentemente de quais alunos vão desenvolvê-lo.

5.3.2 Aspectos exclusivos da EJA

Praticada apenas nas últimas décadas, a EJA permite a integração de alunos com significativas diferenças de idades. Em uma mesma sala de aula pode haver jovens, adultos e até pessoas consideradas idosas. O método proposto por Knowles (1980; 1984) abrange indivíduos de todas as idades.

Segundo Knowles (1980; 1984), para que haja aprendizagem por parte dos adultos, deve-se justificar o estudo na aplicação dele em seu cotidiano. As matérias aprendidas precisam estar bem contextualizadas, porém, sem que haja perda de conhecimento. Para ele, ao se basear um conhecimento em uma aplicação do dia a dia, o professor corre o risco de limitar o conhecimento desenvolvido, ficando parte dele abandonado.

As motivações que levam um adulto a iniciar ou a retomar seus estudos geralmente estão relacionadas a sua área de atuação. Uma vez que as motivações e os resultados percebidos pelos alunos são de fundamental importância, o educador deve orientar as atividades praticadas em função do trabalho de cada educando.

Podemos resumir a EJA em três princípios básicos que a fundamentam: reparadora, equalizadora e permanente de qualificação. A função **reparadora** refere-se ao direito à educação por meio de uma escola de qualidade, que promova a reparação àquele cidadão que, por algum motivo, foi excluído dela em seu período escolar. Com o objetivo de restabelecer a trajetória escolar, a função **equalizadora** amplia e diversifica o acesso ao ensino em seus diversos níveis. Já a função **permanente de**

qualificação consiste na ideia de que todos devem dispor de meios para completar sua formação pessoal e profissional.

Por fim, o planejamento do conteúdo programático a ser trabalhado nos Centros Estaduais de Educação Básica para Jovens e Adultos (CEEBJA) apresenta o grande desafio relacionado à baixa carga horária disponível. O programa deve ser planejado para uma otimização de qualidade, em função das necessidades de aprendizagem de cada aluno. Estas, segundo Knowles (1980; 1984), são justamente as lacunas existentes entre o conhecimento prévio do educando e o conteúdo essencial para o exercício de suas atividades profissionais.

5.3.3 Comparação entre pedagogia e andragogia

Considerando os pressupostos analisados nas Seções 5.3.1 e 5.3.2, as quais tratam dos aspectos específicos do ensino regular e da EJA, sintetizaremos, a seguir, as diferenças entre a andragogia e a pedagogia.

Historicamente, a teoria andragógica é uma ciência consideravelmente mais recente que a teoria pedagógica. A prática da andragogia ocorreu a partir das últimas décadas, ao passo que a pedagogia vem sendo praticada há séculos.

A EJA exige, necessariamente, aplicações no cotidiano, distintas do ensino regular, que podem justificar a aprendizagem de um determinado conteúdo nele mesmo. O foco do educador da EJA está direcionado à reintegração, à reparação e à qualidade do conhecimento do adulto em sua vida pessoal e profissional. Por outro lado, o pedagogo visa à educação como formação do cidadão, tendo como um dos objetivos principais possibilitar estudos em ciclos posteriores da educação básica.

O conteúdo programático contido em um CEEBJA baseia-se nas necessidades de aprendizagem de cada jovem ou adulto. No ensino regular, o planejamento fundamenta-se nas Diretrizes Curriculares Nacionais. No Quadro 5.5, a seguir, apontamos as principais distinções entre pedagogia e andragogia.

Quadro 5.5 – Pedagogia versus andragogia

ANDRAGOGIA	PEDAGOGIA
Teoria e execução praticadas recentemente.	Teoria e execução praticadas há séculos.
Necessidade de contextualização e aplicação prática do conhecimento.	Possibilidade de justificar o conhecimento nele mesmo.
Foco na vida pessoal e profissional.	Foco na formação do cidadão e em estudos posteriores.
Planejamento sobre as necessidades de aprendizagem.	Planejamento de acordo com os Parâmetros Curriculares Nacionais (PCN).

SÍNTESE

Neste capítulo, apresentamos os aspectos cognitivos da aprendizagem nas crianças e em jovens e adultos. Para tanto, fundamentamo-nos, entre outros autores, em dois dos maiores nomes da educação: primeiramente, Jean William Fritz Piaget, com suas investigações em epistemologia genética e, posteriormente, Malcolm Shepherd Knowles, com sua teoria andragógica. Tendo em vista os dois modelos apresentados, traçamos um paralelo entre as duas teorias, evidenciando suas semelhanças e diferenças. O objetivo desta parte da obra foi orientar o educador de jovens e adultos a desempenhar seu papel de facilitador de forma a garantir uma aprendizagem significativa por parte de seus alunos.

PERGUNTAS E RESPOSTAS

1. Como o construtivismo proposto por Piaget altera, com relação aos aprioristas e empiristas, o ponto de vista dos educadores acerca da postura do educando no processo de desenvolvimento do conhecimento?

Resposta

O construtivismo trata o educando como sujeito ativo no processo educativo. Com isso, a teoria proposta por Piaget consiste, entre outros fatores, na ideia de o educador prover as condições favoráveis para que o aluno aja e construa o seu conhecimento.

2. Descreva as principais características que distinguem a EJA da pedagogia.

Resposta

Na EJA, deve-se considerar que o aluno, para uma aprendizagem significativa, necessita: conhecer a razão pelo qual deve aprender determinado conteúdo; realizar experimentos para uma melhor aprendizagem; entender a aprendizagem como solucionadora de problemas; visualizar o valor do tópico aprendido; considerar os motivadores internos como os mais importantes.

Indicações culturais

CARVALHO, J. A. de et al. Andragogia: considerações sobre a aprendizagem do adulto. **REMPEC – Ensino, Saúde e Ambiente**, v. 3, n. 1, p. 78-90, abr. 2010. Disponível em: <http://www.ensinosaudeambiente.uff.br/index.php/ensinosaudeambiente/article/view/108/107>. Acesso em: 30 set. 2016.

KNOWLES, M. S. **Andragogy in Action**: Applying Modern Principles of Adult Learning. San Francisco: Jossey-Bass, 1984.

PIAGET, J. **Desenvolvimento e aprendizagem (Studying Teaching)**. Desenvolvimento e Aprendizagem sob o Enfoque da Psicologia. II. UFRGS-Pead 2009/1. Traduzido por Paulo Francisco Slomp. Disponível em: <https://ead.ufrgs.br/rooda/biblioteca/abrirArquivo.php/turmas/9276/materiais/10977.pdf>. Acesso em: 30 set. 2016.

ATIVIDADES DE AUTOAVALIAÇÃO

1. De acordo com Jean Piaget, qual das alternativas a seguir apresenta preceito concordante com o construtivismo por ele proposto?

   a) Apriorismo, no qual o sujeito é passivo no processo de aprendizagem.
   b) Empirismo, no qual o sujeito é ativo no processo de aprendizagem.
   c) Assimilação, na qual o sujeito é ativo e age sobre um objeto de estudo.
   d) Acomodação, na qual o sujeito é passivo e reage sobre um objeto de estudo.

2. Identifique, entre as alternativas a seguir, aquela que contém um estágio do desenvolvimento cognitivo proposto por Piaget e sua adequada descrição:

   a) Estágio pré-operatório: crianças de até dois anos de idade, aproximadamente.
   b) Estágio operatório-concreto: realização das primeiras operações matemáticas.
   c) Estágio sensório: desenvolvimento da linguagem e função simbólica.
   d) Estágio operatório-formal: capacidade de reconstruir e representar objetos.

3. Entre as alternativas a seguir, qual apresenta características relacionadas à etapa conhecida como *diagnóstico das necessidades de aprendizagem* e proposta por Malcolm Knowles (1980; 1984)?

   a) Análise das dificuldades dos jovens e adultos em suas profissões.
   b) Elaboração de planos de aprendizagem e seu respectivo currículo.
   c) Preparação para o mercado de trabalho e solução de problemas cotidianos.
   d) Determinação das lacunas entre o conhecimento preexistente e o desejado.

4. Cite três diferenças entre a pedagogia e a andragogia, indicando em qual área da educação cada característica citada está inserida.

5. Cite e explique os três princípios básicos nos quais a EJA se fundamenta, segundo Knowles (1980; 1984).

Atividades de aprendizagem

Questões para reflexão

1. Por que Piaget considera o aluno como sujeito ativo dentro da teoria construtivista?

2. Descreva o processo de assimilação e acomodação proposto por Piaget.

3. De acordo com os aspectos cognitivos apresentados por Piaget, explique sucintamente o fator chamado *autorregulação* no desenvolvimento de estruturas operacionais.

4. Cite os cinco princípios fundamentais para a educação de adultos segundo Knowles (1980; 1984).

5. Por que se considera que a formação do educador de jovens e adultos deverá estar em constante atualização?

Educação Matemática para Jovens e Adultos

Em diversos momentos deste capítulo, você poderá se deparar com a ideia de que o ensino da matemática para jovens e adultos está intimamente ligado à realidade sociocultural dos envolvidos no processo educacional. Como forma de introduzir este capítulo, apresentamos algumas palavras do professor de educação matemática de Skovsmose (2001, p. 88):

> toda a natureza da discussão da educação matemática tem de ser alterada. O foco deve ser colocado nas funções das aplicações da matemática na sociedade, e não apenas na modelagem como tal. A discussão sobre o conteúdo da educação matemática tem de ser guiada pela questão de ser ou não possível esclarecer a real função dos métodos formais nas sociedades de hoje.

Para compreensão do trecho citado, dividimos este capítulo em três partes: a Seção 6.1, "Benefícios e necessidades da educação matemática na EJA", caracteriza a educação matemática na educação de jovens e adultos (EJA)e qualifica o educador nela inserido; a Seção 6.2, "Ensino da matemática na EJA", descreve o ambiente no qual a educação matemática é executada e apresenta o objeto matemático de acordo com os Parâmetros Curriculares Nacionais (PCN); e, por fim, na Seção 6.3, "Outros aspectos importantes", é qualificada a atual situação educacional brasileira, citam-se a metodologia e a avaliação contidas na EJA, bem como o recurso da informática aos jovens e adultos. O objetivo principal desde capítulo é conduzir o educador de matemática na EJA, baseando-o nas fundamentações teóricas, nas propostas curriculares e em algumas metodologias específicas.

6.1 Benefícios e necessidades da educação matemática na EJA

A matemática, como ciência, possui inúmeras características, como abstração, precisão, rigor lógico, caráter indubitável, entre outras. Os conceitos matemáticos, bem como seu caráter, são oriundos do mundo real em que vivemos e têm aplicações em várias outras ciências, como na física, na química, na biologia etc. Ainda, o cotidiano de um cidadão qualquer apresenta muitas atividades que carecem do conhecimento matemático, por menor que possa parecer.

Uma pessoa pouco ou nada escolarizada que busca, por exemplo, um Centro Estadual de Educação Básica para Jovens e Adultos (CEEBJA) com o propósito de iniciar ou completar seus conhecimentos escolares básicos, geralmente traz consigo certa bagagem de conhecimento, problemas e dúvidas direta ou indiretamente relacionados ao ensino da matemática.

Considerando-se essas duas ideias iniciais, Fonseca (2005) coloca o ensino da matemática para jovens e adultos como eixo principal em uma proposta curricular eficiente e significativa. A autora citada lembra, ainda, que a simples memorização de regras ou a resolução de problemas insignificantes não traz benefícios aos alunos em uma instituição de EJA.

O cuidado em desenvolver a abstração, o raciocínio lógico e o rigor matemático são fundamentais para a melhor qualidade de vida do educando.

6.1.1 Contribuição da educação matemática na EJA

Sabendo-se que o contexto na EJA é bastante diverso e problemático, devido às diferenças e às dificuldades dos alunos, o ensino da matemática não deve se concentrar nela mesma, isolada das demais disciplinas e áreas do conhecimento. Seus conteúdos precisam superar a ementa predefinida e se aproximar de uma conexão conhecimento-realidade.

A primeira contribuição do ensino da matemática para jovens e adultos é estabelecer as relações entre os conceitos matemáticos e o cotidiano, a fim de melhorar a condição de vida e de trabalho dos educandos.

Diante disso, o planejamento curricular do ensino da matemática na EJA, bem como conceitos, estratégias, aplicações e avaliações, devem ser elaborados de forma que se atinja um determinado objetivo como um todo, e não apenas como fragmentos isolados. D'Ambrosio (2002) estabelece três aspectos básicos no ensino da matemática: o primeiro é relacionar as observações do mundo real por meio de representações tipicamente matemáticas, como gráficos, tabelas e figuras; o segundo, relacionar essas representações com os conceitos matemáticos; e, por fim, o terceiro é aquilo que ele define como **apreensão do significado**, ou seja, perceber como o objeto de estudo se relaciona com outros objetos e acontecimentos.

Figura 6.1 – Aspectos básicos

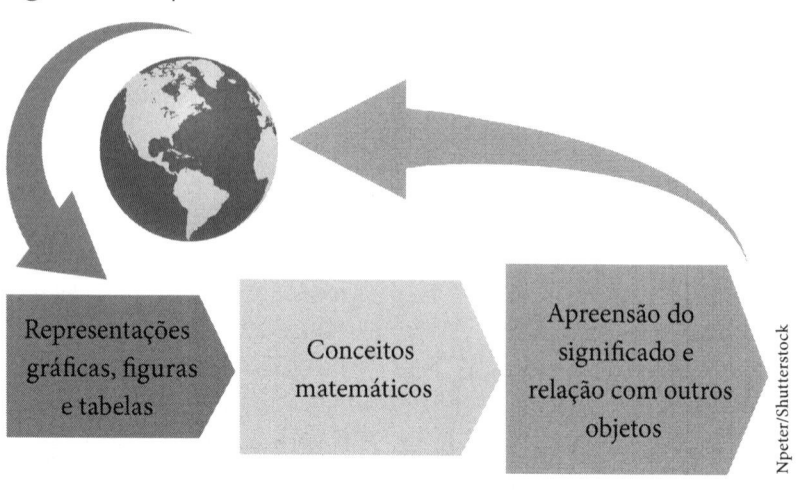

Representações gráficas, figuras e tabelas → Conceitos matemáticos → Apreensão do significado e relação com outros objetos

Npeter/Shutterstock

Fica evidente, na Figura 6.2, uma importante distinção entre o ensino da matemática na escola regular e na EJA: o professor, naquela escola, preocupa-se com o cumprimento do conteúdo programático estabelecido para o período; nesta, desenvolve o programa buscando um sentido no mundo para o conteúdo trabalhado pelos alunos.

A alfabetização matemática é definida por alguns autores (Danyluc, 1993; Stancanelli, 2001) como a aquisição da linguagem matemática formal e de registro escrito. Além dessa definição, Fonseca (2007) conceitua numeramento por meio de uma analogia àquilo que outros autores consideram letramento, abrangendo as possibilidades, as condições e as práticas sociais que permitem que um sujeito pertença a uma sociedade grafocêntrica. Para Fonseca (2007, p. 6-7), numeramento pode ser definido como um

> fenômeno educativo como ampliação das possibilidades de leitura do mundo e de inserção crítica na cultura letrada, de modo a que o sujeito possa identificar as intenções, as estratégias, as possibilidades de adaptação, resistência e transgressão colocadas por uma sociedade regida pelo domínio da palavra escrita.

Logo, o educador matemático de jovens e adultos deve levar em consideração, entre outros conceitos, o numeramento como uma atividade humana e essencialmente social, localizado na interação entre pessoas.

6.1.2 A formação do professor de matemática na EJA

Diante do que foi apresentado anteriormente com relação às dificuldades e às peculiaridades da EJA perante o ensino regular, é possível perceber a necessidade de um conhecimento mais amplo ao professor de matemática na EJA. Tal sabedoria, não meramente matemática, completa a teoria educacional exigida do educador.

Não se pode desassociar a formação do professor de matemática na EJA do currículo que a instituição normalmente determina. Diferentemente do ambiente escolar regular, no qual a prática docente centraliza-se no currículo sugerido, na EJA, os professores e alunos precisam ser livres e estimulados a desenvolver seus próprios currículos. Doll Júnior (1997) acredita em um currículo dinâmico desenvolvido por meio da **reflexão recursiva**, a qual toma as consequências das ações passadas como problema das ações futuras. Esse processo acaba por estabelecer nos educandos as atitudes, os valores e o senso de comunidade – fatores que são fundamentais para a inserção social.

Alunos jovens e adultos que foram excluídos do processo educacional no período da escola regular geralmente têm como conceito da matemática algo pronto, uma ciência exata acabada e muito complexa. A fim de corrigir essas ideias de jovens e adultos, os quais apresentam um sistema nervoso desenvolvido e carregado de experiências, a principal ferramenta que um professor na EJA deve ter é o conhecimento da realidade cultural e como ela influencia os conceitos que os alunos têm sobre o conteúdo matemático.

Consequentemente, a formação do educador matemático na EJA deve ser constantemente preenchida por diálogos, discussões e eventos científicos com profissionais de outras áreas do conhecimento. Com isso, torna-se possível a construção de um currículo e, por conseguinte, uma prática docente eficaz no preenchimento e na correção do conhecimento necessário aos jovens e adultos para o melhor exercício da cidadania, a progressão nos estudos e no trabalho.

Como você pôde notar, são inúmeras as dificuldades e demandas do educador matemático de jovens e adultos. Então, qual deve ser a formação do professor de matemática na EJA? Diante da impossibilidade de uma resposta clara, objetiva e satisfatória, seguem algumas palavras de Arroyo (2006a, p. 28):

> Uma tarefa muito séria, desafiante, será pensar um programa, uma política de formação de educadores e educadoras de jovens e adultos que coloque como eixo de sentido o domínio de uma sólida base teórica construída, tendo como referência o trabalho, os movimentos sociais, a cultura, a experiência e resistência à opressão como matrizes pedagógicas.

6.2 Ensino da matemática na EJA

Em um ambiente da EJA, os alunos constantemente interagem por meio das situações corriqueiras de suas vidas sociais e profissionais. Essas circunstâncias exigem discussões que tornem claras e compreensíveis a realidade e os problemas vividos por cada integrante, inclusive a do educador. Um bom entendimento dessa diversidade cultural presente permite aos alunos da EJA maior ação crítica e participativa no mundo contemporâneo. Ainda, torna-se importantíssimo o autoconhecimento por parte do educador, referente à sua realidade social, de tal maneira que se aproximem as formas de educar e ser educado. Segundo Vargas e Fantinato (2011), faz-se necessário o diálogo, ouvir e ser ouvido, entre todos os envolvidos no processo educativo, incluindo-se o facilitador.

Como discutimos anteriormente, a prática letiva em educação matemática para jovens e adultos consiste na inclusão de questões socioculturais no conteúdo curricular (D'Ambrosio, 2002). Essa prática educativa, considerando-se uma consciência reflexiva do educando, deve-se pautar no caráter ativo, indagador e pesquisador do aluno, cujo resultado será refazer o conhecimento existente e desvendar o que ainda não foi conhecido (Freire, 1987). Nesse sentido, a educação matemática direciona-se à ideia de que o aluno viva e aprenda paralelamente e na mesma proporção dos desafios que seu contexto sociocultural os criam e transformam constantemente.

Torna-se claro, principalmente na EJA, a educação matemática diretamente associada à compreensão de mundo por parte daqueles alunos cujo ensino regular foi, por uma ou outra razão, negado. Logo, o educador, preocupado em atualizar-se constantemente sobre as fundamentações teóricas educacionais e as realidades socioculturais de seus educandos, está sempre preparado para enfrentar situações pouco previsíveis e contribuir com projetos políticos pedagógicos cada vez melhores no seu local de trabalho.

Por fim, inserido na EJA, o professor de matemática tem como dever convidar o aluno a conhecer, refletir e discutir acerca do conteúdo matemático que está em ação. Além das técnicas matemáticas para a resolução dos problemas, a prática desse professor baseia-se no questionamento da forma e da razão pelas quais tais problemas surgiram no contexto do educando.

6.2.1 Ensino da matemática na EJA de acordo com os Parâmetros Curriculares Nacionais (PCN) e as Diretrizes Curriculares Nacionais

Entre outros anexos dos Parâmetros Curriculares Nacionais (PCN), o Ministério da Educação (MEC) elaborou e disponibilizou propostas curriculares para a educação de jovens e adultos. Essas propostas foram publicadas em 2001 e 2002, divididas em três segmentos, os quais abrangem a educação básica: o primeiro contempla os anos iniciais do ensino fundamental; o segundo é destinado aos quatro últimos anos do ensino fundamental; e o terceiro segmento, até 2015 ainda não publicado, é destinado ao ensino médio. Neles, são considerados objetivos da matemática na EJA: valorização da matemática; apreciação do jogo como estímulo; reconhecimento da capacidade matemática própria e de outras pessoas; intervenção em situações do cotidiano; vivenciamento e resolução de problemas; entre outros.

Os materiais referentes às propostas curriculares do primeiro e do segundo segmentos foram elaborados pela Coordenação Geral de Educação de Jovens e Adultos (Coeja) e estão disponíveis no portal do MEC, que pode ser encontrado no endereço abaixo

BRASIL. Ministério da Educação. Coordenação Geral de Educação de Jovens e Adultos. **Material da Proposta Curricular do 2º Segmento**. 2002. Disponível em: <http://portal.mec.gov.br/component/content/article/194-secretarias-112877938/secad-educacao-continuada-223369541/13534-material-da-proposta-curricular-do-2o-segmento?Itemid=164>. Acesso em: 30 set. 2016.

No mesmo *site* é possível baixar as Diretrizes Curriculares Nacionais atualizadas, bem como as resoluções que atualizam o assunto.

6.2.2 EJA: O OBJETO MATEMÁTICO COM UM NOVO CONCEITO

A maior parte das pessoas que se encaminham a um Centro Estadual de Educação Básica para Jovens e Adultos (CEEBJA), em algum momento, já tiveram experiências negativas com o conhecimento matemático. Isso porque se acredita na matemática como uma ciência dividida entre o certo e o errado; uma ciência cuja importância é saber, antecipadamente, como resolver problemas de forma simples e eficaz.

O educador matemático na EJA, segundo os PCN, deve adotar o ensino da matemática como um objeto dinâmico, livre para incorporação de novos conhecimentos e capaz de adaptar-se aos problemas aparentemente novos sob o ponto de vista do educando. Com o objetivo de haver uma aprendizagem significativa, ao educador matemático é recomendado que cada conhecimento contextualizado seja dissolvível, ou seja, o aluno deve ser capaz de generalizar e transferir aquele conhecimento para um novo contexto. O conhecimento é pleno, desde que se compreenda sua origem e que possa ser transferido para uma nova situação. Resumidamente, o professor de matemática na EJA facilita a construção do conhecimento inserido em determinado contexto, descontextualiza-o para ser novamente contextualizado em outra situação.

6.3 OUTROS ASPECTOS IMPORTANTES

Outro aspecto importante para a educação brasileira, considerando um mundo globalizado, é a atual situação dos alunos, comparando-se aos demais países. Cada vez mais, estudantes brasileiros buscam conhecimento em outros países, de forma particular ou por meio de programas político-educacionais. Entre as peças auxiliadoras no rumo da educação nacional está a informação confiável de quais são os países mais avançados educacionalmente, e como o Estado administra essa educação.

A Organização para a Cooperação e Desenvolvimento Econômico (OCDE) é uma instituição francesa que tem como objetivo promover políticas que melhorem o bem-estar social e econômico das pessoas em todo o mundo. Se não a maior, mas sem dúvida uma das mais bem conceituadas instituições no ramo, tem um programa chamado *Program for International Student Assessment* (Pisa), o qual, além de avaliar a educação mundial em inúmeros quesitos tais como matemática, alfabetização, ciências, entre outros –, apresenta sugestões que contribuam para o desenvolvimento educacional de cada país participante.

Publicada anualmente pela Pisa, *Education at a Glance: OECD Indicators* é a fonte de informações mais precisas e relevantes acerca das condições educacionais em todo o mundo. Entre as categorias avaliadas pela Pisa está o teste de matemática e proficiência em alfabetização. A Tabela 6.1 apresenta o Brasil na 60ª posição entre os 67 países participantes, em 2012, bem como o percentual de alunos com desempenho abaixo do nível 2 e acima do nível 5, a serem esclarecidos em breve.

Gráfico 6.1 – Teste de matemática e proficiência em alfabetização

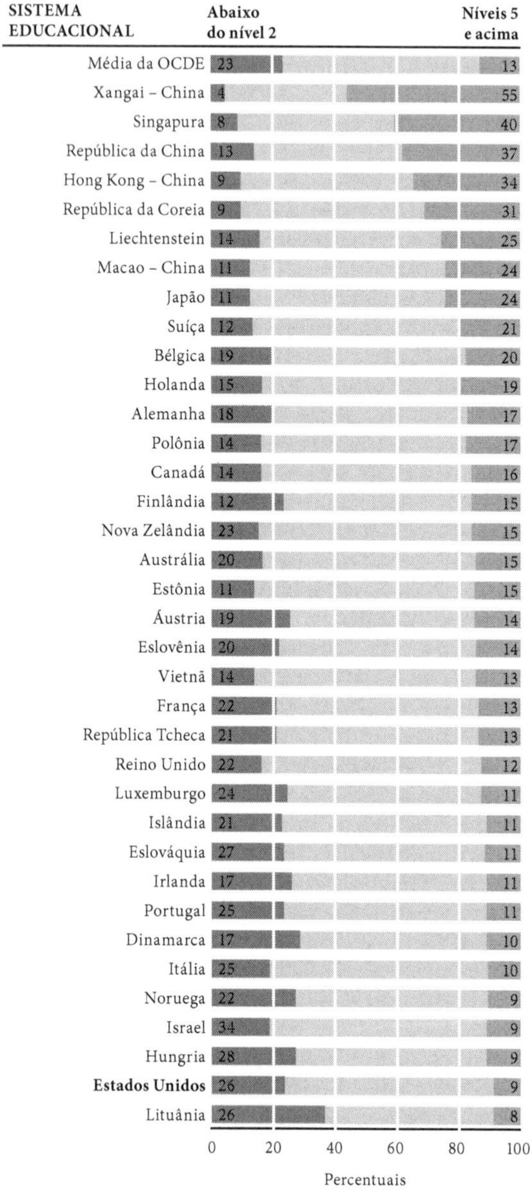

SISTEMA EDUCACIONAL	Abaixo do nível 2	Níveis 5 e acima
Média da OCDE	23	13
Xangai – China	4	55
Singapura	8	40
República da China	13	37
Hong Kong – China	9	34
República da Coreia	9	31
Liechtenstein	14	25
Macao – China	11	24
Japão	11	24
Suíça	12	21
Bélgica	19	20
Holanda	15	19
Alemanha	18	17
Polônia	14	17
Canadá	14	16
Finlândia	12	15
Nova Zelândia	23	15
Austrália	20	15
Estônia	11	15
Áustria	19	14
Eslovênia	20	14
Vietnã	14	13
França	22	13
República Tcheca	21	13
Reino Unido	22	12
Luxemburgo	24	11
Islândia	21	11
Eslováquia	27	11
Irlanda	17	11
Portugal	25	11
Dinamarca	17	10
Itália	25	10
Noruega	22	9
Israel	34	9
Hungria	28	9
Estados Unidos	26	9
Lituânia	26	8

0   20   40   60   80   100
Percentuais

(continua)

(Gráfico 6.1 – conclusão)

SISTEMA EDUCACIONAL	Abaixo do nível 2	Níveis 5 e acima
Suécia	27	8
Espanha	24	8
Letônia	20	8
Letônia	24	8
Croácia	30	7
Turquia	42	6
Sérvia	39	5
Bulgária	44	4
Grécia	36	4
Chipre	42	4
Emirados Árabes	46	3
Romênia	41	3
Tailândia	50	3
Catar	70	2
Chile	52	2
Uruguai	56	1
Malásia	52	1
Montenegro	57	1
Cazaquistão	45	1!
Albânia	61	1
Tunísia	68	1!
Brasil	67	1
México	55	1
Peru	75	1!
Costa Rica	60	1!
Jordânia	69	‡
Colômbia	74	#‡
Indonésia	76	‡
Argentina	66	#‡

Percentuais

\# Próximo de zero.
! Interpretar dados com cautela. Essa estimativa é instável devido ao elevado coeficiente de variação
‡ Padrões mínimos para avaliação não atingidos.

Fonte: Elaborado com base em Kelly, 2013, p. 14, tradução nossa.

As avaliações foram aplicadas em parte dos alunos de 15 anos de idade de todos os 67 países participantes. A nota varia entre 0 e 1.000 pontos; valores inferiores a 420,07 indicam um nível abaixo de 2 e valores acima de 606,99, um nível igual ou acima de 5. Nesse teste, em 2012, o

Brasil ocupou a 60ª posição, ficando apenas mais bem colocado que México, Peru, Costa Rica, Jordânia, Colômbia, Indonésia e Argentina. Com desempenho abaixo do nível 2 estão 67% dos alunos brasileiros, ao passo que 23% de todos os avaliados se encontram nessa faixa. Menos de 1% dos alunos brasileiros desempenharam níveis igual ou acima de 5, e 13% de todos os participantes encontram-se nessa faixa.

Em 2015, foi publicada a *Education at a Glance 2014* no Brasil, a qual contém, além de outras informações, sugestões para o avanço educacional brasileiro. Entre as críticas apresentadas ao Brasil pela Pisa estão o baixo investimento em educação pública, se comparado aos demais países participantes; o percentual de jovens e adultos não escolarizados, que se manteve constante, e esse índice baixou na maioria das demais nações; e o baixo desempenho apresentado pelo Brasil, que pode ser resultado da falta de clareza, objetividade ou conhecimento das diretrizes nacionais por parte dos gestores da área educacional.

6.3.1 Metodologia e avaliação

Considerando-se a relação direta do interesse da EJA em amenizar o problema do analfabetismo no Brasil, as metodologias e, principalmente, as práticas avaliativas parecem se tornar impossíveis de serem desvinculadas dos critérios de alfabetização comuns à educação regular. Ao analisar a educação matemática na EJA, a questão fica ainda mais delicada, pois, como vimos anteriormente, crianças aprendem muito distintamente de jovens e adultos. Logo, as questões principais passam a ser: Como avaliar a aprendizagem realizada por um adulto? E o que é importante nessa experiência?

Os cursos supletivos começaram a ser instituídos no Brasil nos anos de 1970. Na época, o ensino da matemática e sua posterior avaliação baseavam-se nos conteúdos que haviam deixado de ser aprendidos nos momentos adequados. Atualmente, a EJA tem maior preocupação em avaliar os conteúdos inerentes ao contexto dos alunos inseridos. Sabemos o quão importante é o processo de avaliação, qualquer que seja o ambiente educacional; entretanto, por mais distinta que uma instituição seja de outra, as avaliações devem ser coerentes com a proposta pedagógica ou andragógica elaborada e colocada em prática.

Para responder às questões levantadas anteriormente, recorremos às propostas elaboradas pelo Ministério da Educação (MEC) no âmbito da EJA e especificamente para os objetivos da matemática:

> Identificar os conhecimentos matemáticos como meios para compreender e transformar o mundo à sua volta [...].
> Fazer observações sistemáticas de aspectos quantitativos e qualitativos da realidade, estabelecendo inter-relações entre eles, utilizando o conhecimento matemático [...].
> Selecionar, organizar e produzir informações relevantes, para interpretá-las e avaliá-las criticamente.
> [...]
> Resolver situações-problema, sabendo validar estratégias e resultados [...].
> Comunicar-se matematicamente, ou seja, descrever, representar e apresentar resultados com precisão e argumentar sobre suas conjecturas [...].
> Estabelecer conexões entre temas matemáticos de diferentes campos [...].
> Sentir-se seguro da própria capacidade de construir conhecimentos matemáticos, desenvolvendo a autoestima, e a perseverança na busca de soluções.
> [...]
> Interagir com seus pares de forma cooperativa, trabalhando coletivamente na busca de soluções para problemas propostos [...]. (Brasil, 2002, p. 17-19)

Dessa forma, e levando-se em conta a necessidade de a avaliação ser coerente com a proposta pedagógica, a avaliação deve ser individual e continuada, ou seja, presente durante todo o processo educativo.

6.3.2 Informática e educação matemática na EJA

O uso de ferramentas tecnológicas certamente é um motivador no processo educacional, principalmente em uma sociedade na qual a demanda pela escolarização se torna cada vez maior. Em ambiente escolar regular, nítidas são as diferenças culturais e sociais entre os alunos de uma mesma turma. Na EJA, cujos alunos foram, por algum motivo, excluídos do processo educacional convencional, essas diferenças são ainda maiores.

Um dos motivos pelos quais alunos jovens e adultos não estudaram na época adequada é que já nasceram em contexto desfavorável e sem qualificação para o trabalho. Suas relações sociais foram fortemente marcadas pelas desigualdades, as quais, após eles se tornarem adultos, exigem esforços muito maiores em relação àqueles que foram anteriormente favorecidos.

Figura 6.2 – Uso de recursos tecnológicos na EJA

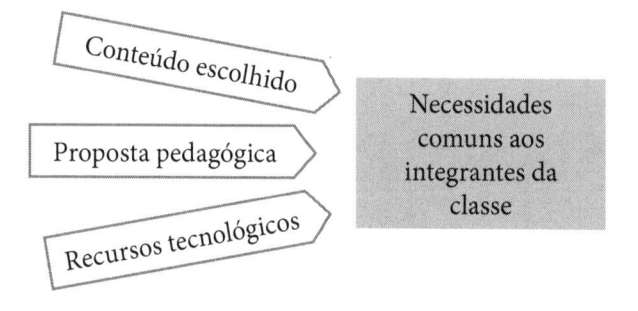

- Conteúdo escolhido
- Proposta pedagógica
- Recursos tecnológicos

→ Necessidades comuns aos integrantes da classe

O processo de diversificação de recursos didáticos na EJA, por meio da tecnologia, ilustrado na Figura 6.3, consiste em passar por algumas etapas: a escolha do conteúdo, a análise da proposta pedagógica, a avaliação dos recursos tecnológicos e a delimitação das necessidades comuns à classe na qual serão utilizados esses recursos.

Uma vez realizado o procedimento citado anteriormente, a metodologia deve ser praticada sobre algumas considerações (Martins et al., 2013):

- Comunicação por meio de som e imagem de forma simples, clara e objetiva, a fim de permitir a compreensão dos alunos, cuja alfabetização não é regular.

- Cuidado na utilização de símbolos que possam gerar dúvidas ou confusão por parte dos jovens e adultos não simbologicamente alfabetizados.

- Não infantilização do contexto, bem como a não escolha de um contexto fora da realidade na qual os alunos da EJA estão inseridos.

- Por fim, a preocupação em explorar as habilidades preexistentes entre os jovens e adultos participantes.

Vale lembrar que a simples alfabetização tecnológica não inclui o aluno socialmente; a leitura e a escrita informatizadas devem ser ferramentas capazes de superar as dificuldades existentes em sua vida e, ainda, permitir um avanço social. Dessa forma, a alfabetização tecnológica pode ser interpretada, além de um ato tecnicista, como uma medida de caráter político social.

Síntese

Tratando especificamente da educação matemática para jovens e adultos, neste capítulo evidenciamos a importância da matemática no contexto da EJA e a relação que essa área do conhecimento deve ter com as observações de mundo. Posteriormente, apresentamos características e preocupações que o educador matemático de jovens e adultos deve ter ao desenvolver sua formação. Ainda, apontamos, segundo os Parâmetros Curriculares Nacionais (PCN), as direções que a educação matemática para jovens e adultos deve tomar. Por fim, situamos a atual condição da educação brasileira e indicamos a importância do uso de recursos tecnológicos na formação de alunos jovens e adultos.

Perguntas e respostas

1. Considerando a educação de jovens e adultos, apresente uma importância do ensino da matemática.

   Resposta

   Para que a EJA seja eficaz, devem-se considerar os objetivos dos alunos, os quais estão diretamente relacionados ao cotidiano destes. O ensino da matemática possibilita o esclarecimento dos métodos formais presentes na realidade social e profissional dos educandos.

2. Como a diversidade sociocultural presente entre jovens e adultos influencia a avaliação dos alunos da EJA?

   Resposta

   Uma vez que cada aluno da EJA tem uma realidade sociocultural particular, e considerando que o educador percebe suas características durante o processo educativo, a avaliação deve ser individual e continuada, ou seja, presente em todo o curso.

Indicações culturais

FANTINATO, M. C. C. B. A construção de saberes matemáticos entre jovens e adultos do Morro de São Carlos. **Revista Brasileira de Educação**, Rio de Janeiro, n. 27, p. 109-124, set./dez. 2004. Disponível em: <http://www.scielo.br/pdf/rbedu/n27/n27a07>. Acesso em: 28 set. 2016.

FONSECA, M. C. F. R. Educação Matemática de Jovens e Adultos: discurso, significação e constituição de sujeitos nas situações de ensino-aprendizagem escolares. In: SOARES, L.; GIOVANETTI, M. A.; GOMES, N. L. (Org.). **Diálogos na educação de jovens e adultos**. Belo Horizonte: Autêntica, 2005. p. 225-240.

SOARES, L.; GIOVANETTI, M. A.; GOMES, N. L. (Org.). **Diálogos na educação de jovens e adultos**. Belo Horizonte: Autêntica, 2006. (Série Estudos em EJA).

ATIVIDADES DE AUTOAVALIAÇÃO

1. Assinale a alternativa em que está contida uma característica particular do ambiente da EJA:

   a) Diversidade sociocultural dos alunos.
   b) Baixo poder aquisitivo.
   c) Dificuldade de concentração.
   d) Necessidades especiais.

2. Identifique, entre as alternativas a seguir, uma importante contribuição do ensino da matemática para jovens e adultos:

   a) Permitir, sem auxílio de outras pessoas, a solução de problemas financeiros.
   b) Fazer frente a uma sociedade majoritariamente grafocêntrica.
   c) Facilitar, com a utilização de símbolos e números, sua vida profissional.
   d) Possibilitar uma melhor leitura de mundos e inserção crítica na cultura letrada.

3. Entre as alternativas a seguir, qual apresenta ideia diretamente relacionada à prática educativa do professor de matemática na EJA?

   a) Abrangência no maior número possível de problemas vivenciados pelo aluno.
   b) Identificação dos problemas comuns a todos os alunos para possibilitar um melhor aproveitamento de tempo.
   c) Importância de explorar o caráter ativo, indagador e reflexivo do aluno.
   d) Divisão das turmas de jovens e adultos de acordo com a realidade sociocultural.

4. Especifique ao menos três objetivos do ensino da matemática, segundo o MEC, no âmbito da EJA.

5. Por que, segundo o próprio MEC, sugere-se que a avaliação no ambiente da EJA seja "continuada e individual"?

Atividades de aprendizagem
Questões para reflexão

1. Caracterize, em linhas gerais, a diversidade existente entre alunos de uma turma da EJA.

2. Qual o papel da reflexão recursiva para a formação do educador de jovens e adultos?

3. O que significa, segundo os Parâmetros Curriculares Nacionais (PCN), *conhecimento contextualizado dissolvível*?

4. Segundo a Organização para a Cooperação e Desenvolvimento Econômico (OCDE), qual uma importante crítica à educação brasileira relacionada à formação do educador?

5. Por que, em um ambiente educacional de jovens e adultos, torna-se importante a utilização de avaliação continuada e presente durante todo o processo educativo?

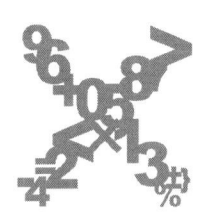

Considerações finais

A história do Brasil, maior país da América Latina, tem como resultado uma população muito diversificada em seus aspectos sociais, culturais e econômicos. As desigualdades existentes têm como efeito um número muito grande de grupos excluídos. Essa exclusão manifesta-se, entre outros locais, na educação. Uma vez considerada a educação como "um direito de todos", aquele profissional que dedica sua vida a ela precisa, necessariamente, conhecer o contexto no qual os envolvidos estão inseridos. Compreender quais são os grupos, as causas e as formas de minimizar a exclusão educacional é essencial ao educador brasileiro.

Percebemos, em qualquer instituição de ensino no Brasil, uma diversidade muito evidente entre os alunos. Em um ambiente educacional destinado a jovens e adultos, essas diferenças geram grandes desafios, o que faz com que, inclusive, o professor assuma uma postura de aprendiz, pois busca constantemente compreender a realidade de cada um de seus alunos para que haja uma aprendizagem significativa.

Inúmeras são as políticas de inclusão educacionais praticadas no Brasil. No caso da educação de jovens e adultos (EJA), podemos contar com teorias muito bem fundamentadas por pesquisadores reconhecidos mundialmente. Esses conceitos e modelos propostos devem ser consideravelmente conhecidos pelo educador, a fim de possibilitar àqueles cujo acesso foi anteriormente negado ou dificultado uma reparação educacional diante dos mais favorecidos.

Assim, na elaboração desta obra, procuramos esclarecer ao educador matemático da EJA as teorias educacionais tanto pedagógicas quanto andragógicas para jovens e adultos, pois entendemos que este é um tema de grande importância para o profissional envolvido com o ensino de pessoas nessas faixas etárias.

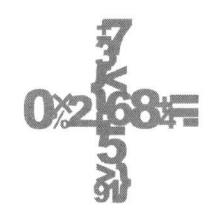

Referências

AMBROSETTI, N. B. O "Eu" e o "Nós": trabalhando com a diversidade em sala de aula. In: ANDRÉ, M. (Org.). **Pedagogia das diferenças na sala de aula**. Campinas: Papirus, 1999. (Série Prática Pedagógica). p. 81-105.

ARANHA, M. S. F. (Org.). **Estratégias para a educação de alunos com necessidades educacionais especiais**. Brasília: MEC/Seesp, 2003. (Série Saberes e Práticas da Inclusão, 4). Disponível em: <http://portal.mec.gov.br/seesp/arquivos/pdf/serie4.pdf>. Acesso em: 5 out. 2016.

ARROYO, M. A educação de jovens e adultos em tempos de exclusão. In: UNESCO – Organização das Nações Unidas para a Educação, a Ciência e a Cultura; SECAD – Secretaria de Educação Continuada, Alfabetização e Diversidade. **Construção coletiva**: contribuições à educação de jovens e adultos. Brasília: UNESCO; MEC; RAAAB, 2005. p. 221-230. (Coleção educação para todos; v. 3). Disponível em: <http://portal.mec.gov.br/index.php?option=com_docman&view=download&alias=655-vol-3const-pdf&Itemid=30192>. Acesso em: 26 set. 2016.

ARROYO, M. Formar educadoras e educadores de jovens e adultos. In: SOARES, L. (Org.). **Formação de educadores de jovens e adultos**. Belo Horizonte: Autêntica/Secad-MEC/Unesco, 2006a. p. 17-32. Disponível em: <http://forumeja.org.br/un/files/Formacao_de_educadores_de_jovens_e_adultos_.pdf>. Acesso em: 5 out. 2016.

ARROYO, M. Educação de jovens e adultos: um campo de direitos e de responsabilidade pública. In: SOARES, L.; GIOVANETTI, M. A.; GOMES, N. L. (Org.). **Diálogos na educação de jovens e adultos**. Belo Horizonte: Autêntica, 2006b. p. 19-50.

BALLARD, K. Researching Disability and Inclusive Education: Participation, Construction and Interpretation. **International Journal of Inclusive Education**, v. 1, n. 3, p. 243-256, 1997.

BARRETO, A. R.; CODES, A. L.; DUARTE, B. Alcançar os excluídos da educação básica: crianças e jovens fora da escola no Brasil. **Debates ED**, n. 3, abr. 2012. Disponível em: <http://unesdoc.unesco.org/images/0021/002163/216306por.pdf>. Acesso em: 5 out. 2016.

BECKER, F. **O que é construtivismo**. São Paulo: FDE, 1994. (Série Ideias, n. 20). p. 87-93.

BECKER, F. **A reinvenção do corpo**: sexualidade e gênero na experiência transexual. Rio de Janeiro: Garamond, 2006.

BENTO, B. Na escola se aprende que a diferença faz a diferença. **Revista Estudos Feministas**, Florianópolis, vol. 19, n. 2, p. 548-559, maio/ago. 2011. Disponível em: <https://periodicos.ufsc.br/index.php/ref/article/view/S0104-026X2011000200016/19404>. Acesso em: 5 out. 2016.

BETIOLI, A. B. **Introdução ao direito**: lições de propedêutica jurídica. 10. ed. São Paulo: Letras & Letras, 2008.

BLATTES, R. L. (Org.). **Direito à educação**: subsídios para a gestão dos sistemas educacionais – orientações gerais e marcos legais. 2. ed. Brasília: MEC/Seesp, 2006. Disponível em: <http://portal.mec.gov.br/seesp/arquivos/pdf/direitoaeducacao.pdf>. Acesso em: 5 out. 2016.

BRANDÃO, C. R. **O que é método Paulo Freire**, São Paulo, Brasiliense, 1981. (Coleção Primeiros Passos, 38).

BRASIL. Constituição (1988). **Diário Oficial da União**, Brasília, DF, 5 out. 1988. Disponível em: <http://www.planalto.gov.br/ccivil_03/constituicao/constituicao.htm>. Acesso em: 5 out. 2016.

BRASIL. Decreto n. 3.298, de 20 de dezembro de 1999. **Diário Oficial da União**, Poder Executivo, Brasília, DF, 21 dez. 1999. Disponível em: <http://www.planalto.gov.br/ccivil_03/decreto/d3298.htm>. Acesso em: 5 out. 2016.

BRASIL. Decreto n. 3.956, de 8 de outubro de 2001. **Diário Oficial da União**, Poder Executivo, Brasília, DF, 9 out. 2001a. Disponível em: <http://www.planalto.gov.br/ccivil_03/decreto/2001/d3956.htm>. Acesso em: 5 out. 2016.

BRASIL. Decreto n. 6.096, de 24 de abril de 2007. **Diário Oficial da União**, Poder Executivo, Brasília, DF, 25 abr. 2007. Disponível em: <http://www.planalto.gov.br/ccivil_03/_ato2007-2010/2007/decreto/d6096.htm>. Acesso em: 29 set. 2016.

BRASIL. Decreto n. 7.031-A, de 6 de setembro de 1878. **Coleção de Leis do Império do Brasil**, Rio de Janeiro, 6 set. 1878. Disponível em: <http://www2.camara.leg.br/legin/fed/decret/1824-1899/decreto-7031-a-6-setembro-1878-548011-publicacaooriginal-62957-pe.html>. Acesso em: 5 out.2016.

BRASIL. Decreto n. 21.731, de 15 de agosto de 1932. **Diário Oficial da União**, Poder Executivo, Rio de Janeiro, 18 ago. 1932. Disponível em: <http://www2.camara.leg.br/legin/fed/decret/1930-1939/decreto-21731-15-agosto-1932-559899-publicacaooriginal-82350-pe.html>. 5 out. 2016.

BRASIL. Decreto n. 91.980, de 25 de novembro de 1985. **Diário Oficial da União**, Poder Executivo, Rio de Janeiro, 26 nov. 1985. Disponível em: <http://www2.camara.leg.br/legin/fed/decret/1980-1987/decreto-91980-25-novembro-1985-442685-publicacaooriginal-1-pe.html>. Acesso em 27 set. 2016.

BRASIL. Decreto-Lei n. 1.124, de 8 de setembro de 1970. **Diário Oficial da União**, Poder Executivo, Brasília, DF, 8 set. 1970. Disponível em: <http://www.planalto.gov.br/ccivil_03/decreto-lei/1965-1988/Del1124.htm>. Acesso em: 5 out. 2016.

BRASIL. Lei n. 5.379, de 15 de dezembro de 1967. **Diário Oficial da União**, Poder Legislativo, Brasília, DF, 19 dez. 1967. Disponível em: <http://www.planalto.gov.br/ccivil_03/leis/1950-1969/L5379.htm>. Acesso em: 5 out. 2016.

BRASIL. Lei n. 7.853, de 24 de outubro de 1989. **Diário Oficial da União**, Poder Legislativo, Brasília, DF, 25 out. 1989. Disponível em: <http://www.planalto.gov.br/ccivil_03/leis/L7853.htm>. Acesso em: 5 out. 2016.

BRASIL. Lei n. 8.069, 13 de julho de 1990. **Diário Oficial da União**, Poder Legislativo, Brasília, DF, 16 jul. 1990. Disponível em: <http://www.planalto.gov.br/CCIVIL_03/leis/L8069.htm>. Acesso em: 5 out. 2016.

BRASIL. Lei n. 9.394, de 20 de dezembro de 1996. **Diário Oficial da União**, Poder Legislativo, Brasília, DF, 23 dez. 1996. Disponível em: <http://www.planalto.gov.br/ccivil_03/leis/L9394.htm>. Acesso em: 5 out. 2016.

BRASIL. Lei n. 10.098, de 19 de dezembro de 2000. **Diário Oficial da União**, Poder Legislativo, Brasília, DF, 20 dez. 2000a. Disponível em: <http://www.planalto.gov.br/CCIVIL_03/Leis/L10098.htm>. Acesso em: 5 out. 2016.

BRASIL. Lei n. 10.172, de 9 de janeiro de 2001. **Diário Oficial da União**, Poder Legislativo, Brasília, DF, 10 jan. 2001b. Disponível em: <http://www.planalto.gov.br/ccivil_03/leis/leis_2001/l10172.htm>. Acesso em: 5 out. 2016.

BRASIL. Lei n. 10.639, de 9 de Janeiro de 2003. **Diário Oficial da União**, Poder Legislativo, Brasília, DF, 10 jan. 2003a. Disponível em: <http://www.planalto.gov.br/ccivil_03/leis/2003/L10.639.htm>. Acesso em: 5 out. 2016.

BRASIL. Lei n. 11.645, de 10 de março de 2008. **Diário Oficial da União**, Poder Legislativo, Brasília, DF, 10 mar. 2008b Disponível em: <http://www.planalto.gov.br/ccivil_03/_ato2007-2010/2008/lei/l11645.htm>. Acesso em: 5 out. 2016.

BRASIL. Ministério da Educação. Portaria n. 1.679, de 2 de novembro de 1999. **Diário Oficial da União**, Brasília, DF, 11 nov. 2003b. Disponível em: <http://portal.mec.gov.br/sesu/arquivos/pdf/c1_1679.pdf>. Acesso em: 5 out. 2016.

BRASIL. Ministério da Educação. Conselho Nacional de Educação. Resolução n. 1, de 17 de junho de 2004. **Diário Oficial da União**, Brasília, DF, 22 jun. 2004. Disponível em: <http://portal.mec.gov.br/cne/arquivos/pdf/res012004.pdf>. Acesso em: 5 out. 2016.

BRASIL. Ministério da Educação. Conselho Nacional de Educação. Câmara de Educação Básica. Parecer n. 11, de 10 de maio de 2000. **Diário Oficial da União**, Brasília, DF, 9 jun. 2000b. Disponível em: <http://portal.mec.gov.br/secad/arquivos/pdf/eja/legislacao/parecer_11_2000.pdf>. Acesso em: 5 out. 2016.

BRASIL. Parecer n. 17 de 2001. Relatores: Kuno Paulo Rhoden e Sylvia Figueiredo Gouvêa. **Diário Oficial da União**, Brasília, DF, 17 ago. 2001c. Disponível em:<http://portal.mec.gov.br/cne/arquivos/pdf/CEB017_2001.pdf>. Acesso em: 5 out. 2016.

BRASIL. Resolução n. 2, de 11 de setembro de 2001. **Diário Oficial da União**, Poder Legislativo, Brasília, DF, 11 set. 2001d. Disponível em: <http://portal.mec.gov.br/cne/arquivos/pdf/CEB0201.pdf>. Acesso em: 5 out. 2016.

BRASIL. Ministério da Educação. Fundo Nacional de Desenvolvimento da Educação. Resolução n. 52, de 11 de dezembro de 2013. **Diário Oficial da União**, Brasília, DF, 6 set. 2012. Disponível em: <https://www.fnde.gov.br/fndelegis/action/UrlPublicasAction.php?acao=abrirAtoPublico&sgl_tipo=RES&num_ato=00000052&seq_ato=000&vlr_ano=2013&sgl_orgao=CD/FNDE/MEC>. Acesso em: 29 set. 2016.

BRASIL. Ministério da Educação. Secretaria de Educação Especial. **Diretrizes nacionais para a educação especial na educação básica**. Brasília, 2001e. Disponível em: <http://portal.mec.gov.br/seesp/arquivos/pdf/diretrizes.pdf>. Acesso em: 5 out. 2016.

BRASIL. **Ensaios pedagógicos**. Brasília, 2006a. Disponível em: <http://portal.mec.gov.br/seesp/arquivos/pdf/ensaiospedagogicos2006.pdf>. Acesso em: 5 out. 2016.

BRASIL. **Recomendações para a construção de escolas inclusivas**. 2. ed. Brasília: MEC/Seesp, 2006b. (Série Saberes e Práticas de Inclusão). Disponível em: <http://portal.mec.gov.br/seesp/arquivos/pdf/const_escolasinclusivas.pdf>. Acesso em: 5 out. 2016.

BRASIL. Ministério da Educação. Secretaria de Educação Fundamental. **Parâmetros Curriculares Nacionais**: Adaptações Curriculares – Estratégias para a educação de alunos com necessidades educacionais especiais. Brasília: MEC/SEF/SEESP, 1998. Disponível em: <http://www.conteudo escola.com.br/pcn-esp.pdf>. Acesso em: 5 out. 2016.

BRASIL. Ministério da Educação. Secretaria de Educação Fundamental. **Proposta Curricular para a educação de jovens e adultos**: segundo segmento do ensino fundamental: 5ª a 8ª série – introdução. vol. 3. Brasília: MEC/Secretaria de Educação Fundamental, 2002. Disponível em: <http://portal.mec.gov.br/secad/arquivos/pdf/eja/propostacurricular/segundo segmento/vol3_matematica.pdf >. Acesso em: 4 out. 2016.

BRASIL. Secretaria de Direitos Humanos da República. **Cartilha Direitos Humanos**. Brasília: Secretaria Especial dos Direitos Humanos, 2013. Disponível em: <http://www2.uesb.br/pedh/wp-content/uploads/2014/02/CARTILHA-DIREITOS-HUMANOS-2013-completo.pdf>. Acesso em: 5 out. 2016.

BRASIL. Senado Federal. Decreto Legislativo n. 186, de 10 de julho de 2008b. **Diário Oficial da União**, Poder Executivo, Brasília, DF, 10 jul. 2008. Disponível em: <http://www.planalto.gov.br/ccivil_03/Constituicao/Congresso/DLG/DLG-186-2008.htm>. Acesso em: 5 out. 2016.

CALDAS, C. B. de S. et al. Educação inclusiva: dificuldades e progressos. **Revista Interfaces: Saúde, Humanas e Tecnologia**, número especial, v. 2, ano. 2, jun. 2014. Disponível em: <http://interfaces.leaosampaio.edu.br/index.php/revista-interfaces/article/view/37/44>. Acesso em: 5 out. 2016.

CAMACHO, L. M .Y. A invisibilidade da juventude na vida escolar. **Perspectiva**, Florianópolis, v. 22, n. 2, p. 325-343, 2004.

CAMACHO, O. T. Atenção à diversidade e educação especial. In: STOBÄUS, C. D.; MOSQUERA, J. J. M. (Org.). **Educação especial**: em direção à educação inclusiva. 2. ed. Porto Alegre: EDIPUCRS, 2004. p. 9-13.

CARDOSO, M. da S. Aspectos históricos da educação especial: da exclusão à inclusão uma longa caminhada. In: STOBÄUS, C.D.; MOSQUERA, J. J. M. (Org.). **Educação especial**: em direção à educação inclusiva. Porto Alegre: EDIPUCRS, 2004. p. 15-26.

CARRANO, P. C. R. Identidades juvenis e escola. In: UNESCO – Organização das Nações Unidas para a Educação, a Ciência e a Cultura; SECAD – Secretaria de Educação Continuada, Alfabetização e Diversidade. Construção coletiva: contribuições à educação de jovens e adultos. Brasília: UNESCO; MEC; RAAAB, 2005. p. 153-163. (Coleção educação para todos; v. 3). Disponível em: <http://portal.mec.gov.br/index.php?option=com_doc man&view=download&alias=655-vol3const-pdf&Itemid=30192>. Acesso em: 26 set. 2016.

CARVALHO, J. A. de et al. Andragogia: considerações sobre a aprendizagem do adulto. **REMPEC – Ensino, Saúde e Ambiente**, v. 3, n. 1, p. 78-90, abr. 2010. Disponível em: <http://www.ensinosaudeambiente.uff.br/index. php/ensinosaudeambiente/article/view/108/107>. Acesso em: 30 set. 2016.

CARVALHO, R. E. Diversidade como paradigma de ação pedagógica na educação infantil e séries iniciais. **Inclusão: Revista da Educação Especial**, Brasília, v. 1, n. 1, p. 29-34, out. 2005. Disponível em: <http://portal.mec. gov.br/seesp/arquivos/pdf/revistainclusao1.pdf>. Acesso em 23 set. 2016.

CASTRO, L. P. V. de; MALACARNE, V. Conceituando a evasão escolar no Brasil. In: ENCONTRO INTERNACIONAL DE PRODUÇÃO CIENTÍFICA, 7., 2011, Maringá. **Anais...** Maringá: Cesumar, 2011. Disponível em: <http://www.cesumar.br/prppge/pesquisa/epcc2011/anais/ luciana_paula_vieira_castro1.pdf>. Acesso em: 5 out. 2016.

CEPAC – Centro Paranaense de Cidadania. **Educando para a diversidade**: Como discutir homossexualidade na escola? Curitiba: Ciranda, 2006. (Guia para educadores). Disponível em: <https://portais.ufg.br/up/16/o/ pplgbt-162.pdf>. Acesso em: 5 out. 2016.

CUPELLO, R. **O atraso da linguagem como fator causal dos distúrbios de aprendizagem**. Rio de Janeiro: Revinter, 1998.

CURY, C. R. J. Políticas inclusivas e compensatórias na educação básica. **Cadernos de Pesquisa**, São Paulo, v. 35, n. 124, p. 11-32, jan./abr. 2005. Disponível em: <http://www.scielo.br/pdf/cp/v35n124/a0235124.pdf>. Acesso em: 5 out. 2016.

DALLARI, D. de A. **Elementos de teoria geral do estado**. 28. ed. São Paulo: Saraiva, 2009.

D'AMBROSIO, U. **Etnomatemática**: elo entre as tradições e a modernidade. Belo Horizonte: Autêntica, 2002.

DANYLUC, O. S. **Alfabetização matemática**: o cotidiano da vida escolar. Caxias do Sul: Educs, 1993.

DICIONÁRIO Priberam da Língua Portuguesa. 2008-2013. Disponível em: <http://www.priberam.pt/dlpo/Default.aspx>. Acesso em: 22 set. 2016.

DOLL JÚNIOR, W. E. **Currículo**: uma perspectiva pós-moderna. Porto Alegre: Artes Médicas, 1997.

DUK, C. **Educar na diversidade**: material de formação docente. 3. ed. Brasília: MEC/Seesp, 2006. Disponível em: <http://portal.mec.gov.br/seesp/arquivos/pdf/educarnadiversidade2006.pdf>. Acesso em: 5 out. 2016.

DURANTE, M. **Alfabetização de adultos**: leitura e produção de textos. Porto Alegre: Artmed, 1998.

ESTANQUE, E. Diferenças sociais de classe e conflitualidade social. In: LAGES, M.; MATOS, A. T. (Orgs.). **Portugal intercultural**: razão e projecto. Lisboa: CEPCEP-Universidade Católica Portuguesa/ Acidi – Alto Comissariado para a Integração e Desenvolvimento Intercultural, 2009. p. 123-176. Disponível em: <http://www.ces.uc.pt/myces/UserFiles/livros/469_EE_Diferen%E7as%20Soc%20de%20Classe.pdf>. Acesso em: 5 out. 2016.

FALVEY, M. A.; GIVNER, C. C.; KIMM, C. What is an inclusive school. In: VILLA, R. A.; THOUSAND, J. S. (Ed.). **Creating an inclusive school**. Alexandria, Virginia: Association for Supervisionand Curriculum Development, 1995. p. 34-58.

FANTINATO, M. C. C. B. A construção de saberes matemáticos entre jovens e adultos do Morro de São Carlos. **Revista Brasileira de Educação**, n. 27, p. 109-124, set./dez. 2004. Disponível em: <http://www.scielo.br/pdf/rbedu/n27/n27a07>. Acesso em: 5 out. 2016.

FERREIRA, W. B. Educação inclusiva: será que sou a favor ou contra uma escola de qualidade para todos? **Inclusão: Revista da Educação Especial**, Brasília, v. 1, n. 1, p. 40-46, out. 2005. Disponível em: <http://portal.mec.gov.br/seesp/arquivos/pdf/revistainclusao1.pdf>. Acesso em: 5 out. 2016.

FETTERMAN, D. M. **Etnography**: Step-by-Step. 3. ed. London: Sage, 2010.

FISCHER, J. Uma abordagem prática neuropedagógica como contribuição para a alfabetização de pessoas portadoras de necessidades educativas especiais. 142 f. Tese (Doutorado em Engenharia de Produção) – Universidade Federal de Santa Catarina, Florianópolis, 2001. Disponível em: <https://repositorio.ufsc.br/bitstream/handle/123456789/81948/181208.pdf?sequence=1>. Acesso em: 5 out. 2016.

FONSECA, M. C. F. R. Educação Matemática de Jovens e Adultos: discurso, significação e constituição de sujeitos nas situações de ensino-aprendizagem escolares. In: SOARES, L.; GIOVANETTI, M. A.; GOMES, N. L. (Org.). **Diálogos na educação de jovens e adultos**. Belo Horizonte: Autêntica, 2005. p. 225-240.

FONSECA, M. C. F. R. Sobre a adoção do conceito de numeramento no desenvolvimento de pesquisas e práticas pedagógicas na educação matemática de jovens e adultos. In: Encontro Nacional de Educação Matemática – ENEM, 9., Belo Horizonte. **Anais...** Belo Horizonte, 2007. Disponível em: <www.sbembrasil.org.br/files/ix_enem/Palestra/PalestraNumeramentoTexto.doc>. Acesso em: 5 out. 2016.

FONSECA, S. G. da. Uma viagem ao perfil e à identidade dos alunos e do professor da educação de jovens e adultos (EJA). **PPOL – Psicopedagogia Online**. 4 jul. 2010. Disponível em: <http://www.psicopedagogia.com.br/artigos/artigo.asp?entrID=1234>. Acesso em: 5 out. 2016.

FRANÇA, S. F. Uma visão geral sobre a educação brasileira. **Revista Múltipla**, v. 20, n. 26, p. 117-136, jun. 2009. Disponível em: <http://www.upis.br/conteudo/revistamultipla/multipla26.pdf>. Acesso em: 27 set. 2016.

FREIRE, P. **A educação na cidade**. São Paulo: Cortez, 1991.

FREIRE, P. **A importância do ato de ler**: em três artigos que se completam. 23. ed. São Paulo: Cortez, 1989.

FREIRE, P. **Educação e mudança**. Rio de Janeiro: Paz e terra, 1979.

FREIRE, P. **Pedagogia da autonomia**: saberes necessários à prática pedagógica. 25. ed. São Paulo: Paz e Terra, 1996. (Coleção Leitura).

FREIRE, P. **Pedagogia da esperança**: um reencontro com a pedagogia do oprimido. Rio de Janeiro: Paz e Terra, 2014.

FREIRE, P. **Pedagogia do oprimido**. 17. ed. Rio de Janeiro: Paz e Terra, 1987.

FRIGOTTO, G. Os circuitos da história e o balanço da educação no Brasil na primeira década do século XXI. **Revista Brasileira de Educação**, v. 16, n. 46, p. 235-254, 2011. Disponível em: <http://www.scielo.br/pdf/rbedu/v16n46/v16n46a13>. Acesso em: 5 out. 2016.

G1. **IBGE indica que analfabetismo cai menos entre maiores de 15 anos**. 16 nov. 2011. Disponível em: <http://g1.globo.com/brasil/noticia/2011/11/ibge-indica-que-analfabetismo-cai-menos-entre-maiores-de-15-anos.html>. Acesso em: 5 out. 2016.

HEERDT, M. L.; COPPI, P. de. **Como educar hoje?** Reflexões e propostas para uma educação integral. São Paulo: Mundo e Missão, 2003.

HENRIQUES, R. M. **O currículo adaptado na inclusão de deficiente intelectual**. Disponível em: <http://www.diaadiaeducacao.pr.gov.br/portals/pde/arquivos/489-4.pdf>. Acesso em: 5 out. 2016.

IBGE – Instituto Brasileiro de Geografia e Estatística. **Censo Demográfico 2010**: Resultados gerais da amostra. 27 abr. 2012. Disponível em: <http://www.ibge.gov.br/home/presidencia/noticias/imprensa/ppts/00000008473104122012315727483985.pdf>. Acesso em: 23 set. 2016.

IRIS – Improvement Through Research in the Inclusive School. **Estratégias e práticas em salas de aula inclusivas**. 2009. Disponível em: <http://docplayer.com.br/75856-Estrategias-e-praticas-em-salas-de-aula-inclusivas.html>. Acesso em: 5 out. 2016.

KELLY, D. et al. **Performance of U.S. 15-Year-Old Students in Mathematics, Science, and Reading Literacy in an International Context**: First Look at PISA 2012. Washington, DC: National Center for Education Statistics, 2013. Disponível em: <https://nces.ed.gov/pubs2014/2014024rev.pdf>. Acesso em: 10 out. 2016.

KNOWLES, M. S. **Andragogy in Action**: Applying Modern Principles of Adult Learning. San Francisco: Jossey-Bass, 1984.

KNOWLES, M. S. **The Modern Practice of Adult Education**: from Pedagogy to Andragogy. New York: Cambridge, 1980. Disponível em: <http://www.umsl.edu/~henschkej/articles/a_The_%20Modern_Practice_of_Adult_Education.pdf>. Acesso em: 5 out. 2016.

MACHADO, A. Políticas públicas de inclusão escolar para alunos com Síndrome de Down na rede regular de ensino. **Eventos Pedagógicos**, v. 6, n. 2, p. 21-31, jun./jul. 2015. Disponível em: <http://sinop.unemat.br/projetos/revista/index.php/eventos/article/download/1871/1415>. Acesso em: 5 out. 2016.

MACIEL, M. R. C. Portadores de deficiência: a questão da inclusão social. **São Paulo em Perspectiva**, São Paulo, v. 14, n. 2, p. 51-56, abr./jun. 2000. Disponível em: <http://www.scielo.br/pdf/spp/v14n2/9788.pdf>. Acesso em: 5 out. 2016.

MANTOAN, M. T. E. A hora da virada. **Inclusão: Revista da Educação Especial**, v. 1, n. 1, p. 24-29, out. 2005a. Disponível em: <http://portal.mec.gov.br/seesp/arquivos/pdf/revistainclusao1.pdf>. Acesso em: 23 ago. 2016.

MANTOAN, M. T. E. Inclusão é o privilégio de conviver com as diferenças. **Revista Nova Escola**, v. 3, n. 5, maio 2005b.

MARTINS, I. H. et al. Reflexões sobre a migração da prática educativa com jovens e adultos para sistemas informatizados. **Cadernos do IME: Série Informática**, v. 13, p. 7-12, 2013. Disponível em: <http://www.e-publicacoes.uerj.br/index.php/cadinf/article/viewFile/6581/4684>. Acesso em: 6 jul. 2016.

MOLL, J **Alfabetização possível**: reinventando o ensinar e o aprender. Porto Alegre: Mediação, 1996.

MOREIRA, H. F.; MICHELS, L. R., COLOSSI, N Inclusão educacional para pessoas portadoras de deficiência: um compromisso com o ensino superior. **Escritos sobre Educação**, Ibirité, v. 5, n. 1, p. 19-25, jun. 2006.

MRECH, L. M. O que é educação inclusiva? **Revista Integração**, Brasília, ano 8, n. 20, p. 37-40, 1998.

MUSSAK, E. **O homem é um ser social**. jan. 2011. Disponível em: <http://instrutor-social.blogspot.com.br/2011/01/o-homem-e-um-ser-social.html>. Acesso em: 5 out. 2016.

NERI, M. C. (Coord.). **Motivos da evasão escolar**. Rio de Janeiro: FGV/Ibre, 2009. Disponível em: <http://www.cps.fgv.br/ibrecps/TPE/TPE_Motiva%C3%A7%C3%B5esEvas%C3%A3oEscolar_Sumario.pdf>. Acesso em: 5 out. 2016.

OCDE - Organização para a Cooperação e Desenvolvimento Econômico. PISA 2012 Results in Focus: What 15-year-olds know and what they can do with what they know. 2014. Disponível em: <https://www.oecd.org/pisa/keyfindings/pisa-2012-results-overview.pdf>. Acesso em 26 set. 2016.

OLIVEIRA, J. B. G. de. A perspectiva da inclusão escolar da pessoa com deficiência no Brasil: um estudo sobre as políticas públicas. **Revista Tempos e Espaços em Educação**, v. 6, jan./jun. 2011. Disponível em: <http://www.seer.ufs.br/index.php/revtee/article/view/2250/1921>. Acesso em: 5 out. 2016.

ONU – Organização das Nações Unidas. **Declaração Universal dos Direitos Humanos**: adotada e proclamada pela resolução 217 A (III) da Assembleia Geral das Nações Unidas em 10 de dezembro de 1948. Brasília: Unesco, 1998. Disponível em: <http://unesdoc.unesco.org/images/0013/001394/139423por.pdf>. Acesso em: 5 out. 2016.

PAULO Freire e seu método de alfabetização de adultos. Globo Ação, 21 maio 2013. Disponível em: <http://redeglobo.globo.com/acao/noticia/2012/12/paulo-freire-e-seu-metodo-de-alfabetizacao-de-adultos.html>. Acesso em: 23 set. 2016.PERRENOUD, P. **Construir as competências desde as escolas**. Porto Alegre: Artmed, 1999.

PIAGET, J. **A linguagem e o pensamento**. Rio de Janeiro: Fundo de Cultura, 1994.

PIAGET, J. **Biologia e conhecimento:** ensaio sobre as relações entre as regulações orgânicas e os processos cognoscitivos. Petrópolis: Vozes, 1973.

PIAGET, J. **Desenvolvimento e aprendizagem (Studying Teaching).** Desenvolvimento e Aprendizagem sob o Enfoque da Psicologia. II. UFRGS–Pead 2009/1. Traduzido por Paulo Francisco Slomp. Disponível em: <https://ead.ufrgs.br/rooda/biblioteca/abrirArquivo.php/turmas/9276/materiais/10977.pdf>. Acesso em: 5 out. 2016.

PIAGET, J. **Genetic Epistemology**. Translated by E. Duckworth. New York: Columbia University Press, 1970.

PIAGET, J. **O nascimento da inteligência na criança**. Lisboa: Dom Quixote, 1986.

PIAGET, J. O nascimento da inteligência na criança. **Mental**, v. 258, p. 259, 1982.

PIAGET, J.; GRÉCO, P. **Aprendizagem e conhecimento**. Rio de Janeiro: Freitas Bastos, 1974.

PLETSCH, M. A dialética da inclusão/exclusão nas políticas educacionais para pessoas com deficiências: um balanço do governo Lula (2003-2010). Revista Teias, v. 12, n. 24, p. 39-55, jan./abr., 2011. Disponível em: <http://www.eduinclusivapesq-uerj.pro.br/images/pdf/PLETSCH_Artigosemperiodicos_2011.pdf>. Acesso em: 27 set. 2016.

PRIOSTE, C. D. **Diversidade e adversidade na escola:** queixas e conflitos de professores frente à educação inclusiva. 173 f. Dissertação (Mestrado em Educação) – Faculdade de Educação, Universidade de São Paulo, São Paulo, 2006. Disponível em: <http://www.teses.usp.br/teses/disponiveis/48/48134/tde-05122007-101058/pt-br.php>. Acesso em: 5 out. 2016.

ROMANOWSKI, J. P. **Formação e profissionalização docente**. Curitiba: InterSaberes, 2012.

SÁNCHEZ, P. A. A educação inclusiva: um meio de construir escolas para todos no século XXI. **Inclusão: Revista da Educação Especial**, Brasília, v. 1, n. 1, p. 7-18, out. 2005. Disponível em: <http://portal.mec.gov.br/seesp/arquivos/pdf/revistainclusao1.pdf>. Acesso em: 5 out. 2016.

SANTOS, F. M. Afetividade na prática docente como forma de combater a evasão escolar: experiência com alunos do Instituto Luciano Barreto Júnior. **Caderno Intersaberes**, v. 3, n. 4, p. 117-127, 2014. Disponível em: <http://www.grupouninter.com.br/Intersaberes/index.php/cadernointersaberes/article/view/557/391>. Acesso em: 5 out. 2016.

SANTOS, G. B. dos. **A fênix renasce das cinzas**: o que professores e professoras fazem para enfrentar as adversidades do cotidiano escolar. 154 f. Dissertação (Mestrado em Educação) – Universidade Federal da Bahia, Salvador, 2004. Disponível em: <http://www.repositorio.ufba.br:8080/ri/bitstream/ri/11089/1/Dissertacao_%20Santos%20G%20B.pdf>. Acesso em: 5 out. 2016.

SÃO PAULO. Governo do Estado. Secretaria da Justiça e da Defesa da Cidadania. **Diversidade sexual e cidadania LGBT**. Coordenação de políticas para a diversidade sexual. São Paulo: SJDC/SP, 2014. Disponível em: <http://www.recursoshumanos.sp.gov.br/lgbt/cartilha_diversidade.pdf>. Acesso em 3 out. 2016.

SARAIVA (Ed.). **Vade mecum**. 11. ed. atual. São Paulo: Saraiva, 2011.

SASSAKI, R. K. **Inclusão:** construindo uma sociedade para todos. Rio de Janeiro: WVA, 1997.

SAVIANI, D. História da Educação no Brasil: um balanço prévio e necessário. **EccoS – Revista Científica**, v. 10, p. 147-67, 2008. Disponível em: <http://www4.uninove.br/ojs/index.php/eccos/article/viewFile/1356/1020>. Acesso em 27 set. 2016.

SERRA, H. Educação especial: integração das crianças e adaptação das estruturas de educação. **Saber e Educar**, n. 7, p. 29-50, 2002.

SILVA, N. M. D. da. Dificuldades de aprendizagem. **Profala**. Disponível em: <http://www.profala.com/arteducesp169.htm>. Acesso em: 5 out. 2016.

SILVA, T. F. da. Missões Jesuíticas no Brasil. **História Brasileira**. 27 abr. 2010. Disponível em: <http://www.historiabrasileira.com/brasil-colonia/missoes-jesuiticas-no-brasil/>. Acesso em: 5 out. 2016.

SKOVSMOSE, O. **Educação matemática crítica**: a questão da democracia. Campinas: Papirus, 2001.

SOARES, L. (Org.). **Educação de jovens e adultos**. Rio de Janeiro: DP&A, 2002.

SOARES, L.; GIOVANETTI, M. A.; GOMES, N. L. (Orgs.). **Diálogos na educação de jovens e adultos**. Belo Horizonte: Autêntica, 2006. (Série Estudos em EJA).

SOUZA, S. M. C. de. A inclusão escolar e suas implicações sociais. **Revista Educação do Cogeime**, v. 11, n. 21, p. 9-16, dez. 2002.

STANCANELLI, R. Conhecendo diferentes tipos de problemas. In: SMOLE, K. S.; DINIZ, M. I. **Ler, escrever e resolver problemas**: habilidades básicas para aprender matemática. Porto Alegre: Artmed, 2001. p. 103-120.

UNESCO – Organização das Nações Unidas para a Educação, a Ciência e a Cultura. CONFERÊNCIA INTERNACIONAL DE EDUCAÇÃO DE ADULTOS – CONFINTEA, 6., 2009, Belém. **Marco de ação de Belém...** Brasília: Unesco, 2010. Disponível em: <http://unesdoc.unesco.org/images/0018/001877/187787por.pdf>. Acesso em: 5 out. 2016.

UNESCO – Organização das Nações Unidas para a Educação, a Ciência e a Cultura. **Declaração de Salamanca sobre princípios, política e práticas na área das necessidades educativas especiais**: 1994. Salamanca, Espanha: Unesco, 10 jun. 1994. Disponível em: <http://unesdoc.unesco.org/images/0013/001393/139394por.pdf>. Acesso em: 5 out. 2016.

UNESCO – Organização das Nações Unidas para a Educação, a Ciência e a Cultura; SECAD – Secretaria de Educação Continuada, Alfabetização e Diversidade. **Construção coletiva**: contribuições à educação de jovens e adultos. Brasília: UNESCO; MEC; RAAAB, 2005. (Coleção educação para todos). Disponível em: <http://portal.mec.gov.br/index.php?option=com_docman&view=download&alias=655-vol3const-pdf&Itemid=30192>. Acesso em: 26 set. 2016.

VARGAS, S. M. de; FANTINATO, M. C. C. B. Formação de professores da educação de jovens e adultos: diversidade, diálogo, autonomia. **Revista Diálogo Educacional**, Curitiba, v. 11, n. 34, p. 915-931, set./dez. 2011. Disponível em: <http://www2.pucpr.br/reol/index.php/dialogo?dd99=pdf&dd1=5671>. Acesso em: 5 out. 2016.

WINDLE, R.; WARREN, S. **Collaborative Problem Solving**: Steps in the Process, US Office of Special Needs Education. Hood River, Oregon: Hood River County Schools; Cadre – The National Center on Dispute Resolution in Special Education, sept. 2009. Disponível em: <http://www.direction-service.org/cadre/section5.cfm#>. Acesso em: 5 out. 2016.

WOOD, J. W. **Pathways to Teaching Series**: Practical Strategies for the Inclusive Classroom. New Jersey: Pearson, 2009.

Bibliografia Comentada

ANDRÉ, M. (Org.). **Pedagogia das diferenças na sala de aula**. Campinas: Papirus, 1999. (Série Prática Pedagógica).

Cada um de seus seis autores, em seus respectivos capítulos, trata de diferentes metodologias pedagógicas, levando sempre em conta a individualidade e as diferenças dos alunos. Essa obra tem como foco a diversidade e o desafio gerado por ela. A compreensão desse assunto é de fundamental importância para o educador em sua tarefa de auxiliar seus alunos, com suas individualidades, a serem bem-sucedidos.

BARRETO, A. R.; CODES, A. L.; DUARTE, B. Alcançar os excluídos da educação básica: crianças e jovens fora da escola no Brasil. **Debates ED**, n. 3, abr. 2012. Disponível em: <http://unesdoc.unesco.org/images/0021/002163/216306por.pdf>. Acesso em: 13 out. 2016.

Em uma compilação das diferentes formas de exclusão educacional, essa obra analisa as condições para que crianças em período escolar fossem tiradas da escola. Apresenta, também, a realidade brasileira dessas classes menos favorecidas e aponta ações do Estado que combatem essas dificuldades. Esse estudo esclarece as principais razões pelas quais os alunos encontram-se na educação de jovens e adultos (EJA).

BRASIL. Ministério da Educação. Secretaria de Educação Especial. **Ensaios pedagógicos**. Brasília, 2006. Disponível em: <http://portal.mec.gov.br/seesp/arquivos/pdf/ensaiospedagogicos2006.pdf>. Acesso em: 13 out. 2016.

Um dos ensaios pedagógicos contidos no III Seminário Nacional de Formação de Gestores e Educadores, essa publicação traz um conjunto de artigos que tratam de políticas educacionais inclusivas. Neles, a inclusão educacional é abordada respeitando os aspectos históricos, legais e pedagógicos, visando práticas inclusivas eficazes para mudanças necessárias à educação brasileira.

FREIRE, P. **Pedagogia da autonomia**: saberes necessários à prática pedagógica. 25. ed. São Paulo: Paz e Terra, 1996. (Coleção Leitura).

De forma muito criativa, um dos maiores nomes da educação no Brasil, Paulo Freire, nos apresentou propostas e conceitos indispensáveis ao educador, do ensino fundamental à pós-graduação. Freire debate as principias questões que surgem no cotidiano dos educadores e acaba por trazer como foco da prática pedagógica a ética, o respeito, a dignidade e a autonomia do educando.

KNOWLES, Malcolm S. **The modern practice of adult learning**: from pedagogy to andragogy. New York: Cambridge, 1980. Disponível em: <http://www.umsl.edu/~henschkej/articles/a_The_%20Modern_Practice_of_Adult_Education.pdf>. Acesso em: 13 out. 2016.

Aos educadores de jovens e adultos, esse livro apresenta o conceito de andragogia, diversos desafios da aprendizagem em fase adulta e algumas propostas para a educação desse grupo de alunos. Considerando que ao adulto não se pode impor a aprendizagem, o autor demonstra as condições para que o educando, de forma ativa, desenvolva seu conhecimento.

PIAGET, J. **Biologia e conhecimento**: ensaio sobre as relações entre as regulações orgânicas e os processos cognoscitivos. Petrópolis: Vozes, 1973.

Certamente, uma das principais obras de um autor mundialmente referenciado por profissionais da educação. Nela, Piaget faz analogia entre o desenvolvimento do sistema nervoso e o da matemática, mais especificamente, da álgebra. Tem como objetivo fazer com que o leitor compreenda as etapas cognitivas da aprendizagem.

RESPOSTAS*

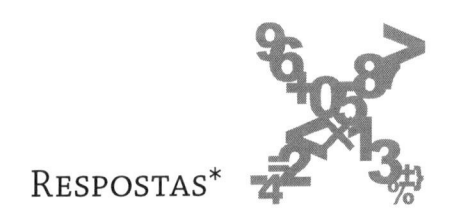

Capítulo 1

Atividades de autoavaliação

1. c
2. a
3. b
4 "A evasão escolar é um grande problema relacionado à educação brasileira e atinge todos os níveis de ensino. Entretanto, o termo *evasão escolar* é utilizado em vários contextos com diferentes significados. Na educação básica, por exemplo, entende-se por *evasão* apenas os casos em que os alunos deixam de frequentar a sala de aula, desconsiderando demais situações de saída do aluno da escola. No ensino superior a situação se repete: a conceituação de evasão leva algumas instituições de ensino superior (IES) a não encararem tal problema quando, por exemplo, um aluno de um curso realiza desligamento daquele curso e volta a estudar em outros cursos por

* Todos os autores citados nesta seção constam na seção "Referências".

meio de transferências. Nestes [sic] casos também não são considerados evasão da universidade, já que o aluno retornou à IES. Todavia, sua vaga no curso de origem é deixada, causando prejuízos ao aluno, à família, ao professor, à IES e a toda sociedade. Assim, as diferentes designações não permitem quantificar e qualificar exatamente os casos de evasão e nem estudar as causas, buscando alternativas para superação deste problema" (Castro; Malacarne, 2011, p. 1).

5. O conteúdo da ação docente compreende:
- Os resultados da ação docente – refere-se à incapacidade de os alunos aprenderem os conteúdos ministrados pelos professores. Nesse sentido, os docentes sentem-se frustrados por não conseguirem transmitir o conteúdo aos seus alunos. Assim, os principais motivos para resultados desfavoráveis da ação docente são atribuídos aos "alunos, que não se interessam ou não se esforçam o suficiente, aos pais que não participam do processo de educação dos filhos, e à secretaria de educação ou governo que criam mecanismos que desfavorecem a educação" (Santos, 2004, p. 77).

- O estado de precariedade do professor – resume-se principalmente nos seguintes fatores: "o excesso de atividades, a falta de material e o salário na forma como aparece no cenário de muitas escolas brasileiras. Observa-se que esses empecilhos contribuem para que os professores se desmotivem durante o exercício da profissão docente, além de favorecer a exclusão educacional dos alunos.

Atividades de aprendizagem

Questões para reflexão

1. O regime militar foi marcado pelo golpe militar, em 1964, o qual abortou as iniciativas de revolucionar e educação brasileira. O regime militar espelhou na educação o caráter antidemocrático de sua proposta ideológica de governo: professores foram presos e demitidos; universidades foram invadidas; estudantes foram presos e feridos nos confrontos com a polícia e alguns foram mortos; os estudantes foram calados e a União Nacional dos Estudantes proibida de funcionar; o Decreto-Lei n. 477/1969 proibiu a manifestação de alunos e professores. Em 1971 ocorreu a instituição da Lei n. 5.692 – a Lei de Diretrizes e Bases da Educação Nacional.

2. O calendário escolar pode ser considerado uma adversidade, considerando que os pais, em alguns casos, cobram os professores para a divulgação imediata dos resultados das avaliações, sem considerarem a demanda de turmas pelas quais os docentes são responsáveis. Paralelo a essas cobranças, insere-se a direção da escola, que também exerce pressão no que tange à divulgação das avaliações.
3. A educação escolar foi marcada pela chegada da família real portuguesa ao Brasil, em 1808. A escolarização era privilégio das camadas sociais mais altas. O ensino era tradicional e religioso. A prioridade não era a escola básica, mas o ensino secundário e superior, com o intuito de formar quadros para a Administração Pública do Império. Em 1827, houve a criação das primeiras faculdades de Direito no Brasil, uma em São Paulo e outra em Recife.
4. As pressões internas e o ato de ensinar referem-se ao clima socioafetivo do ambiente escolar. Dessa forma, pode haver um clima pesado, de inimizades e de competição, ou seja, um ambiente desfavorável para o desenvolvimento das atividades escolares entre os pares, o que compromete o desempenho do docente.
5. A respeito da exclusão educacional dos portadores de necessidades especiais, observa-se que a inclusão de crianças com necessidades educacionais especiais continua estabelecendo fronteiras entre crianças "normais" e "anormais", em que o espaço dos "anormais", mesmo que inseridos em classes regulares, continua substancialmente demarcado pela presença de estereótipos e preconceitos.

Capítulo 2

Atividades de autoavaliação

1. b
2. d
3. c
4. A filosofia da inclusão fundamenta-se em uma educação eficaz para todos os alunos, independentemente de eles possuírem ou não algum tipo de necessidade especial; logo, a escola deve atender às necessidades de todos os alunos, respeitando suas características.
5. Os desafios da escola regular para a inclusão educacional são:

Projeto pedagógico	• Atitude favorável da escola para diversificar e flexibilizar o processo de ensino-aprendizagem, de modo a atender às diferenças individuais dos alunos. • Identificação das necessidades educacionais especiais para justificar a priorização de recursos e meios favoráveis à sua educação. • Adoção de currículos abertos e propostas curriculares diversificadas, em lugar de uma concepção uniforme e homogeneizadora de currículo. • Flexibilidade quanto à organização e ao funcionamento da escola para atender à demanda diversificada de alunos. • Possibilidade de incluir professores especializados, serviços de apoio e outros, não convencionais, para favorecer o processo educacional.
Adequações curriculares	• Flexibilidade, isto é, a não obrigatoriedade de que todos os alunos atinjam o mesmo grau de abstração ou de conhecimento, num tempo determinado. • Acomodação, ou seja, a consideração de que, ao planejar atividades para uma turma, deve-se levar em conta a presença de alunos com necessidades educacionais especiais e contemplá-los na programação. • Trabalho simultâneo, cooperativo e participativo, entendido como a participação dos alunos com necessidades educacionais especiais nas atividades desenvolvidas pelos demais colegas, embora não o façam com a mesma intensidade, nem necessariamente de igual modo ou com a mesma ação e grau de abstração.

Atividades de aprendizagem

Questões para reflexão

1. Por esta afirmação, constata-se que os subsídios governamentais atribuídos aos portadores de necessidades especiais eram mínimos, quando existiam. Ou seja, a atenção a esse público era precária. No entanto, com as movimentações familiares e de amigos, começaram as primeiras conquistas referentes à integração deles na sociedade.
2. Na escola inclusiva, os direitos dos alunos são: todas as crianças têm direito à educação e deve-se dar a elas a oportunidade de alcançar e manter um nível aceitável de conhecimentos; cada criança tem características, interesses, capacidades e necessidades de aprendizagem que lhe são próprias;

os sistemas de ensino devem ser organizados e os programas aplicados de modo que tenham em conta todas as diferentes características e necessidades; as pessoas com necessidades educacionais especiais devem ter acesso às escolas comuns; as escolas comuns devem representar um meio mais eficaz para combater as atitudes discriminatórias, criar comunidades acolhedoras, construir uma sociedade integradora e alcançar a educação para todos.

3. O princípio da preservação da dignidade humana considera que o direito de igualdade de oportunidade seja respeitado. Assim, toda e qualquer pessoa é digna e merecedora do respeito de seus semelhantes e tem o direito a boas condições de vida e à oportunidade de realizar seus projetos. Nesse sentido, inserem-se as práticas educacionais direcionadas ao atendimento de alunos que apresentam algum tipo de necessidade especial.

4. De acordo com a Constituição Federal de 1988:

> Art. 208. O dever do Estado com a educação será efetivado mediante a garantia de:
>
> [...]
>
> III – atendimento educacional especializado aos portadores de deficiência, preferencialmente na rede regular de ensino;
>
> IV – educação infantil, em creche e pré-escola, às crianças até 5 (cinco) anos de idade;
>
> V – acesso aos níveis mais elevados do ensino, da pesquisa e da criação artística, segundo a capacidade de cada um;
>
> [...]
>
> Art. 227. [...]
>
> II – criação de programas de prevenção e atendimento especializado para as pessoas portadoras de deficiência física, sensorial ou mental, bem como de integração social do adolescente e do jovem portador de deficiência, mediante o treinamento para o trabalho e a convivência, e a facilitação do acesso aos bens e serviços coletivos, com a eliminação de obstáculos arquitetônicos e de todas as formas de discriminação.
>
> § 2º A lei disporá sobre normas de construção dos logradouros e dos edifícios de uso público e de fabricação de veículos de transporte coletivo, a fim de garantir acesso adequado às pessoas portadoras de deficiência. (Brasil, 1988)

Destaca os principais obstáculos referentes à inclusão dos alunos que possuem algum tipo de NEE:

i) escolas que carecem de possibilidades de acesso físico a alunos com deficiências motoras;

ii) salas de aula superlotadas;

iii) falta de recursos especializados para atender às necessidades de alunos com deficiências visuais;

iv) necessidade de se dominar a Língua Brasileira de Sinais (Libras) e de intérpretes para os alunos surdos;

v) ausência ou distanciamento de serviços de apoio educacional ao aluno e professor;

vi) resistência de professores, que alegam falta de preparo para atender aos alunos com deficiência nas salas de aulas comuns; e

vii) reticências dos pais de alunos com e sem deficiência.

Capítulo 3

Atividades de autoavaliação

1. Alternativa c. Quanto às respostas erradas: não é necessário frequentar a escola para ter o direito à liberdade nem o direito à liberdade de expressão.
2. a
3. d
4. Diferenças sociais – A diferença social tem como aspectos: bens materiais, raça, cor, sexo, que estão relacionados aos aspectos físicos ou sociais.
Diferenças econômicas – Além do principal fator, que é a desigualdade na distribuição de renda, que normalmente ocorrem nos países subdesenvolvidos, tem também o problema de investimento ineficiente ao suprimento das áreas sociais e educacionais.
5. São pessoas que buscam a inserção na sociedade por meio da educação. Jovens e adultos com vivência dos problemas cotidianos, que lutam pela sobrevivência e que tentam conciliar estudo, trabalho e família, entre outros, na expectativa de que a educação proporcione um trabalho melhor e, consequentemente, uma vida melhor. Esses indivíduos, por algum motivo, não frequentaram a escola na faixa etária correta.

Atividades de aprendizagem

Questões para reflexão

1. Avalia os comportamentos socialmente aprovados e o sistema de valores dos povos sem referência a padrões absolutos.
2. A cultura é dinâmica, pois varia no tempo. Por exemplo, as crenças de pessoas mais velhas e a visão dos mais jovens. Além da variação no tempo, também temos a variação de costumes de cada região. A história de uma cultura é construída por tradições e inovações.
3. Os alunos com mais idade são aqueles que não tiveram oportunidade de estudar e já estão inseridos no mercado de trabalho, têm responsabilidades com o sustento da família e, por isso, têm consciência da necessidade de aprender e valorizar suas conquistas e visualizar a associação de decisão própria e a perseverança para a consecução de seus objetivos. Os alunos mais jovens são aqueles que não conseguiram se manter no ensino regular, às vezes por indisciplina, às vezes por repetência e falta de orientação familiar. Porém, têm as mesmas características de linguagem, como a simplicidade, a aplicação da fala do cotidiano. Os mais velhos apresentam linguagens mais antigas e os mais jovens, as gírias, ou seja, aplicam a linguagem do meio em que vivem. Na característica de pensamento, apresentam um nível pragmático, com diferentes níveis de letramento, com pouca criatividade e variam de acordo com conhecimentos empíricos adquiridos. No que tange às dificuldades existe o medo de não acompanhar ou aprender, a fadiga, a vergonha, o bloqueio de assimilação dos conteúdos, a carga horária de trabalho e as responsabilidades familiares, que causam a ausência nas aulas. São pessoas em busca de uma satisfação pessoal ou de autoafirmação profissional, a conquista de um direito de inserção na sociedade. São alunos que já têm um conhecimento de vida e precisam aprender a conciliar trabalho, estudo e família para alcançar seus objetivos.
4. Que os professores devem ressaltar em sala de aula a cultura afro-brasileira, como constituinte e formadora da sociedade brasileira, na qual os negros são considerados sujeitos históricos, valorizando o pensamento e ideias de importantes intelectuais negros brasileiros, a cultura e as religiões de matrizes africanas.
5. O planejamento deve ser focado no desenvolvimento de atividades que demonstrem a importância da diversidade cultural, inclusive as orientações sexuais e religiosas, que serão fundamentais na conscientização dos alunos de que a valorização das diferenças nos permitirá a construção de uma sociedade plena, sem discriminação ou preconceito.

Capítulo 4

Atividades de autoavaliação

1. b
2. a
3. d
4. Uma escola inclusiva garante a excelência no acesso e permanência do aluno. Os aspectos estruturais são relevantes, mas também é imprescindível a formação do profissional preparado para essa orientação. Portanto, essa percepção ocorre quando há mudanças físicas e atitudinais, além de espaços para debates, troca de experiências, formação continuada para professores atuarem na educação inclusiva.
5. A educação de jovens e adultos cumpre as seguintes funções: reparadora, equalizadora e qualificadora. A função reparadora proporciona aos jovens e adultos o direito civil, o direito à escola de qualidade e o reconhecimento de igualdade. A equalizadora autoriza o adolescente e os adultos a busca do conhecimento por meio de trocas de experiências e, consequentemente, o conhecimento de novas técnicas de trabalho e cultura. Por fim, a qualificadora, que diz respeito à qualidade, objetiva que a educação não seja estagnada, esteja sempre mostrando algo novo e que faz a diferença.

Atividades de aprendizagem

Questões para reflexão

1. O Estado deve garantir o ensino adequado a todos, cumprindo dessa forma as disposições constitucionais. Deve colaborar com as instituições de ensino na implementação de subsídios para que essas instituições tenham condições de proporcionar ao educando uma educação de qualidade e igualitária, conforme as normatizações legais da educação.
2. É definida como uma modalidade de ensino que perpassa todos os níveis e modalidades, pois está organizada como um atendimento educacional comum.
3. O professor, na qualidade de atuante da educação, conhece bem as diferenças sociais dentro de contexto escolar, portanto ele deve: ficar atento às desigualdades existentes no âmbito escolar, sobretudo no que tange ao multiculturalismo e à pluralidade social; e buscar a inserção dos alunos na comunidade.

4. A escola deve atender às diferenças, às necessidades especiais; deve ter em sua ótica a adaptação do contexto escolar, e não a adaptação do aluno, com o objetivo de torná-lo múltiplo, rico em experiências e possibilidades, estando apto a conviver com as diferenças. Para a prática do ensino na diversidade, é necessária a integração e a atuação em equipe dos profissionais da educação especial com a educação regular, a percepção das necessidades especiais que estão presentes na sua realidade para o desenvolvimento de ações pedagógicas flexíveis.
5. Deve valorizar o saber cotidiano, ou seja, o conhecimento empírico, e ter a sensibilidade de trabalhar com a diversidade, pois dentro de uma sala de aula poderão aparecer alunos com diversidades culturais, e o professor, dessa forma, passa a ser o mediador da sua própria aprendizagem, pois será aprendiz ou conhecedor dessas diversidades.

Capítulo 5

Atividades de autoavaliação

1. c
2. b
3. d
4. A pedagogia tem fundamentação teórica e execução de seus princípios praticados há séculos, ao passo que a andragogia vem sendo estudada e praticada recentemente. Na pedagogia, o conhecimento pode ser justificado nele mesmo, sendo que na andragogia se faz necessária uma contextualização do conhecimento. O foco da pedagogia está na formação do cidadão e seus estudos posteriores, já o da andragogia está na vida pessoal e profissional.
5. Os três princípios básicos são a função reparadora, referindo-se à inclusão de um cidadão, o qual foi anteriormente excluído; a função equalizadora, que permite o restabelecimento da trajetória escolar; e a função permanente de qualificação, a qual consiste na disponibilização de meios para uma formação pessoal e profissional mais completa.

Atividades de aprendizagem

Questões para reflexão

1. A teoria construtivista considera que é o educando quem age e reage sobre um objeto de estudo, tendo o educador a função de criar as condições nas quais o aluno, ativamente, desenvolverá o conhecimento.

2. Trata-se de um processo composto por dois procedimentos. Diante de um determinado objeto de estudo, primeiramente, ocorre a aprendizagem, na qual o aluno age assimilando informações contidas nele; em seguida, desenvolve-se o conhecimento no qual o aluno reflete sobre o objeto, acomodando-se sobre ele.
3. O mais importante dos fatores relacionados ao desenvolvimento de estruturas operacionais, a autorregulação, consiste nas reações que o sujeito ativamente exerce sobre perturbações externas. Esse processo ocorre por meios de estímulos e respostas até que se chegue a um equilíbrio.
4. Conhecer a razão pela qual deve aprender um determinado conteúdo; realizar experimentos para uma melhor aprendizagem; entender a aprendizagem como solucionadora de problemas; visualizar o valor do tópico aprendido e considerar os motivadores internos como os mais importantes.
5. Uma vez que as propostas pedagógicas devem ser construídas sobre o contexto sociocultural dos educandos, e que estes se encontram em constante mudança, faz-se necessário que cada procedimento metodológico seja alterado conforme a realidade momentânea do aluno.

Capítulo 6

Atividades de autoavaliação

1. a
2. d
3. c
4. Selecionar, organizar e produzir informações relevantes, para interpretá-las e avaliá-las criticamente; comunicar-se matematicamente, ou seja, descrever, representar e apresentar resultados com precisão e argumentar sobre suas conjecturas; estabelecer conexões entre temas matemáticos de diferentes campos.
5. A proposta pedagógica deve ser elaborada durante o processo educativo e de acordo com a realidade sociocultural de cada aluno. Uma vez que a avaliação deva ser coerente com a proposta pedagógica, ela necessita ocorrer continuamente, no decorrer do processo, e individualmente, de acordo com a realidade sociocultural de cada aluno.

Atividades de aprendizagem

Questões para reflexão

1. Na EJA, uma determinada turma pode ser caracterizada por alunos com diferenças significativas de idade, razão por que foram excluídos do ensino regular, realidade socioculturais, experiências vividas e objetivos. Ainda, uma importante diferença existente são os conhecimentos os quais cada educando demanda em sua realidade.
2. A reflexão recursiva tem a função de dinamizar a formação do educador. Ela se baseia na tomada das consequências das ações passadas como sendo o problema das ações futuras.
3. Para os PCN, o conhecimento é pleno, desde que se compreenda a sua origem e que possa ser transferido para uma nova situação. Logo, o professor na EJA orienta a construção do conhecimento inserido em determinado contexto, descontextualiza-o para ser novamente contextualizado em outra situação.
4. O baixo desempenho educacional apresentado pelo Brasil pode ser resultado da falta de clareza, objetividade ou conhecimento das diretrizes nacionais.
5. Os conteúdos trabalhados são as lacunas entre o conhecimento preexistente e aquele que cada aluno deseja. Tal conhecimento é determinado no decorrer do processo educativo. Logo, a avaliação deve ser contínua e presente enquanto durar o curso.

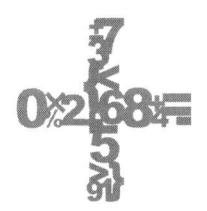

Sobre os autores

Elieser Santos Hirye é graduado em Matemática – licenciatura plena (2010) pela Universidade Tuiuti do Paraná (UTP) e mestre em Métodos Numéricos em Engenharia (2015), área de concentração de Mecânica Computacional, pela Universidade Federal do Paraná (UFPR). Atualmente, é servidor público do Ministério da Justiça.

Neusa Higa é graduada em Ciências Contábeis (1990) e em licenciatura plena em Matemática (2001) pela Universidade Paranaense (Unipar), especialista em Contabilidade Gerencial e Auditoria (1999) pela mesma instituição e em Formação de Docentes e Orientadores Acadêmicos em EaD (2013) pelo Centro Universitário Uninter. Mestre em Contabilidade pela Universidade Federal do Paraná (UFPR). Tem experiência profissional em contabilidade comercial e pública, tendo atuado tanto na área docente quanto técnica.

Stella Maris Lima Altoé é graduada em Ciências Contábeis (2010) e especialista em Controladoria e Contabilidade (2013), ambos pela Universidade Estadual de Maringá (UEM). É mestre em Contabilidade (2014) pela Universidade Federal do Paraná (UFPR) (2012-2014) e doutoranda em Contabilidade pela mesma instituição. Atualmente é professora na Universidade Estadual do Centro-Oeste (Unicentro). Tem experiência profissional na área contábil e desenvolve pesquisas no Programa de Pós-Graduação em Contabilidade da UFPR, com ênfase em contabilidade e controle gerencial.

Impressão:
Abril/2023